L'INNOVATEUR

RECUEIL

DE

CHANSONS

NOUVELLES

DÉDIÉES

A TOUS LES COMPAGNONS DU TOUR DE FRANCE

INDISTINCTEMENT

PAR

L.-P. JOURNOLLEAU

Dit ROCHELAIS L'ENFANT CHÉRI, Compagnon boulanger

J. TESSIER.
IMPRIMERIE DE SURGÈRES

1870.

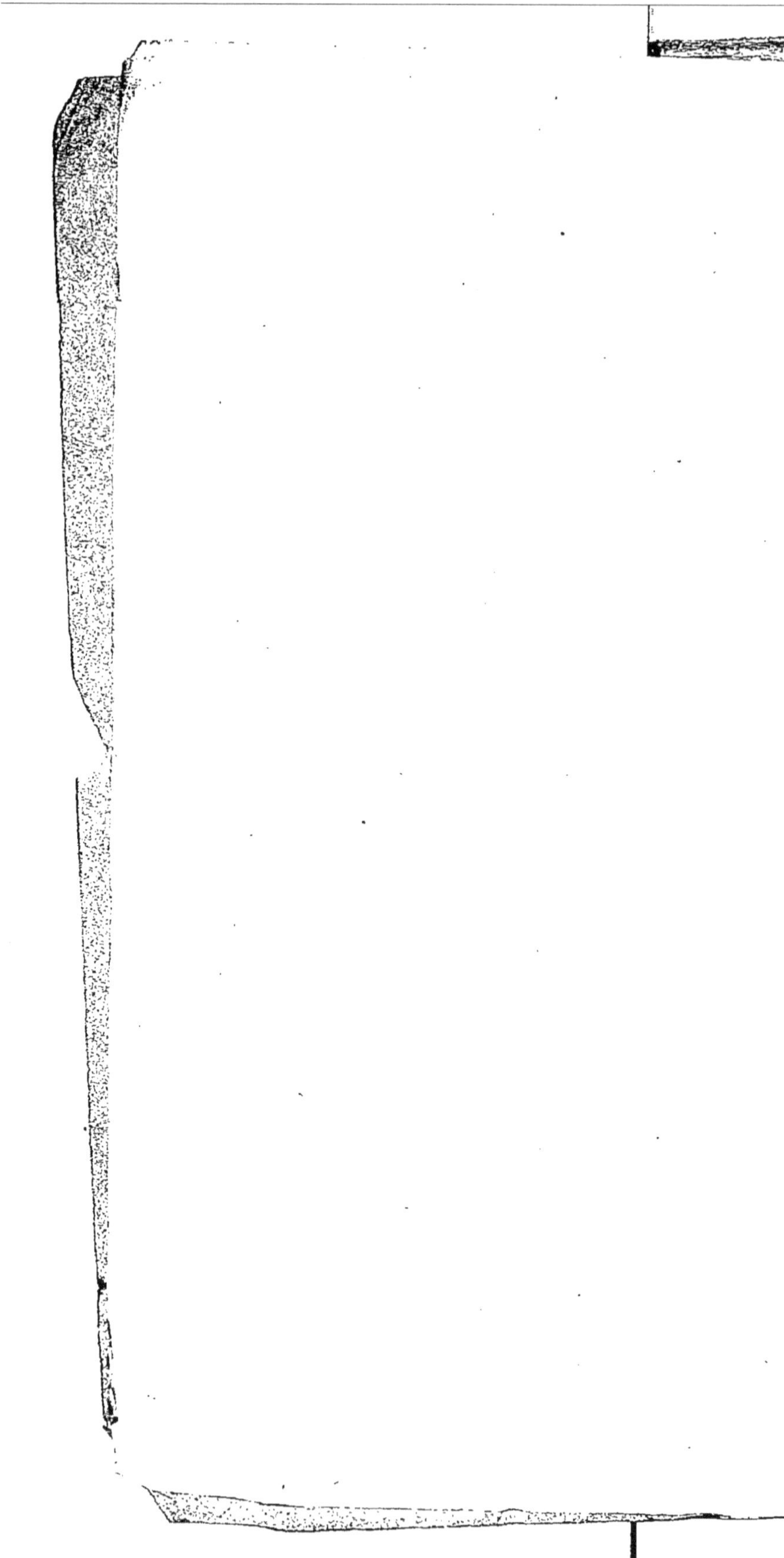

L'INNOVATEUR

L'INNOVATEUR

RECUEIL

DE

CHANSONS

NOUVELLES

DÉDIÉES

A TOUS LES COMPAGNONS DU TOUR DE FRANCE

INDISTINCTEMENT

PAR

L.-P. JOURNOLLEAU

Dit ROCHELAIS L'ENFANT CHÉRI, Compagnon boulanger

J. TESSIER.

IMPRIMERIE DE SURGÈRES

1870.

INTRODUCTION

—

Dix ans se sont écoulés depuis la publication de mes premières chansons. Il y a même quelque temps déjà que cette édition est complètement épuisée. C'est à la demande générale de mes Frères du Devoir, et pour satisfaire à leurs bienveillantes réclamations, que je me décide aujourd'hui à faire imprimer, pour la deuxième fois, un recueil qui me procurera comme antérieurement, du moins je l'espère, l'approbation de la plupart des Sociétés compagnonniques de France. C'est pourquoi je viens prévenir des changements que j'ai cru devoir opérer dans la composition de ce petit chansonnier qui, comme le précédent, sera intitulé : L'INNOVATEUR.

Ainsi, pour ne plus y revenir, je dois dire que j'ai revu et corrigé, avec tout le soin qu'il m'a été possible, toutes mes anciennes chansons ; j'ai dû même, pour certains motifs, en supprimer quelques-unes ; j'ai joint à ce recueil celles qui se trouvent avec la *Biographie de la Mère Jacob;* et, pour que mon œuvre soit complète, j'en ai ajouté d'autres récemment faites et entièrement inédites, ainsi que diverses pièces de vers composées dans un but d'amour et de concorde.

Je dédie ce Recueil à tous les Compagnons du Tour de France indistinctement ; car, en le lisant, chacun pourra se pénétrer des sentiments que je professe pour l'unité compagnonnique qui, selon moi, doit être la base fondamentale de l'Union, de la Paix et de la Fraternité parmi les classes ouvrières.

Déjà, vous le voyez, la plupart des villes où se trouvent des Sociétés compagnonniques (et il y en a partout) se sont constituées en sociétés des Devoirs Réunis ; c'est donc par leur exemple que nos sociétés actives apprendront à combattre les préjugés en faisant disparaître la haine qui les divisait depuis si longtemps et qui leur fût toujours si préjudiciable.

Ainsi, mes amis, en attendant que mes vœux se réalisent, je ne terminerai pas ce préambule sans vous annoncer qu'à dater de ce jour, ou du moins après l'impression de ce Recueil, je laisserai à d'autres plus jeunes le soin de me succéder dans ce travail ; en présence des conseils de ma muse, devant lesquels je m'incline, je suis obligé de me taire, n'ayant pas l'intention de lutter avec l'impossible.

Rochefort, le 20 avril 1870.

L'INNOVATEUR

PRÉFACE

AIR : *Les Quatre Ages du cœur.*

C'était un soir, je me rappelle encore,
Je relisais, pour la deuxième fois,
De Béranger les vers doux et sonores
De ses couplets si joyeux, si grivois.
Je me souviens, j'étais jeune et volage,
J'aimais chanter les vers de cet auteur,
Et maintenant pour le Compagnonnage
J'imiterai ce grand compositeur.

Muse qui m'inspire,
Viens rendre à mon cœur
L'amour, le délire,
La paix, le bonheur.
Par votre concours,
Je pourrai toujours
Chanter les amours,
Chanter d'heureux jours.

Depuis ce jour, enfant du Tour de France,
Je n'ai cessé de faire des couplets
Pour le bonheur et pour l'intelligence
Et puis enfin pour l'ami du progrès.
Je vous soumets cet ouvrage lyrique,
Que je dédie à vos cœurs généreux;
Recevez-le comme exemple logique,
Il servira pour vous et vos neveux.

Muse qui m'inspire, etc.

De ce recueil vous lirez la Préface,
Je vous permets d'être juge et censeur,
Recevez-le comme une dédicace,
C'est un accueil qui me sera flatteur.
J'invoque enfin le dieu de l'harmonie,
Pour seconder mes désirs et mes vœux,
Afin qu'un jour, au banquet de la vie,
Je puisse encor chanter des jours heureux.

Muse qui m'inspire, etc.

Vous savez tous comme j'étais naguère,
Chacun de vous connaît l'*Enfant Chéri*.
Vous savez tous, vous mes amis, mes frères,
Ce que j'ai fait pour le Devoir aussi.
Chantez, amis, propagez mon ouvrage,
Chantons ensemble et je serai content:
Car, quand viendra le terme du voyage,
Je veux encor m'en aller en chantant.

Muse qui m'inspire, etc.

LES ENFANTS DU SAVOIR

AIR : *Le Vendu.*

Séchez vos pleurs, ma bonne et tendre mère,
Je vais partir pour un climat plus doux;
Je vais braver les dangers, la misère,
Je vais enfin m'en aller loin de vous;
De voyager j'eus toujours l'espérance,
Quand aujourd'hui l'ordonne le Devoir,

Adieu, je pars sur le beau Tour de France,
Pour y chercher les enfants du Savoir. *bis.*

Il était tard, le rivage était sombre,
Bords enchantés des enfants tourangeaux,
Quand au lointain se dessinent dans l'ombre,
Blois noble et fière et ses riches coteaux.
Ah! disait-il, en pensant à sa mère,
Vous me verrez du moins, j'en ai l'espoir,

Pour les amis, un défenseur, un frère,
Car j'ai trouvé les enfants du Savoir. *bis.*

Il fut heureux, grâce à la Providence,
Il fut admis au rang des Compagnons;
Depuis ce jour, sur le beau Tour de France,
Il fit toujours respecter son beau nom.
De l'agresseur pardonnant l'ignorance,
Il lui parlait, et sans se prévaloir,

Il s'attira la bonté, la constance,
Et l'amitié des enfants du Savoir. *bis.*

Tel qu'un soldat qui sert bien sa patrie,
Un Compagnon son Devoir doit servir;
Et sur les champs, au péril de sa vie,
Il doit toujours garder le souvenir
Du beau serment qu'il jura sur sa tête
De soutenir l'un des plus beaux Devoirs;

Dans les chagrins et dans les jours de fête,
Il doit penser aux enfants du Savoir. *bis.*

Ces chers couplets, par ma muse inspirés,
Depuis longtemps je voulais les tracer,
Quand aujourd'hui, par vous tant désirés,
L'*Enfant Chéri* veut bien vous les chanter.
Dans ces couplets, bannissant la chimère,
Gai troubadour, je conserve l'espoir

De dire encore : adieu, ma tendre mère,
Pour visiter les enfants du Savoir. *bis.*

DÉDIÉ

A L'AUTEUR DU L. D. COMPAGNONNAGE

AIR : *Vive Paris.*

Chers ouvriers, qui voyagez en France,
Soutenez-vous, plus de divisions,
Que vos bienfaits ramènent l'espérance,
Car vous n'aurez plus de désunions.
Empressez-vous de connaître l'ouvrage
Qui doit unir ici chaque ouvrier,

Ce livre saint du beau Compagnonnage,
Livre d'amour, œuvre de Perdiguier. *bis.*

Qu'on est heureux, et qu'il est agréable
De vivre loin de nos dissentions:
C'est un bonheur à jamais désirable,
C'est le plaisir aimé des Compagnons;
Pour l'avenir, il faut, en homme sage,
Mes chers pays, lire à chaque ouvrier

Ce livre saint du beau Compagnonnage, *bis.*
Livre d'amour, œuvre de Perdiguier.

Oui, tous les corps devraient s'aimer en frères!
Qu'importe enfin les anciens préjugés.
Par l'union survivront nos mystères:
Par cela seul on doit se protéger.
Mes bons amis, c'est surtout en voyage,
A consulter du poète ouvrier

Ce livre saint du beau Compagnonnage, *bis.*
Livre d'amour, œuvre de Perdiguier.

Je citerai bien des auteurs austères,
Dans leurs écrits qui furent très-profonds,
D'autres légers et d'autres plus sincères.
Chacun son genre et chacun sa façon.
Il en est un qu'à lire je vous engage,
Car ses écrits soulagent l'ouvrier.

Ce livre saint du beau Compagnonnage, *bis.*
Livre d'amour, œuvre de Perdiguier.

D'un boulanger recevez, je vous prie,
Ces faibles vers, doux langage des dieux,
Pardonnez-lui s'il manque en poésie,
L'auteur craintif ne demande pas mieux.
L'*Enfant Chéri* veut ici rendre hommage
Et glorifier l'orateur ouvrier

Du livre saint du beau Compagnonnage. *bis.*
Livre d'amour, œuvre de Perdiguier.

MA CANNE

AIR : *Hirondelle gentille.*

Sans craindre la chicane,
Je vais chanter ma canne,
Superbe jonc;

Il fut mon héritage,
On le donne en partage
Aux Compagnons.

D'où vient ton origine,
Oh ! ma canne divine,
Précieux trésor;

Des rives de Provence,
Sur le beau Tour de France,
Tu pris l'essor.

Oh ! dis-moi quel est l'homme
Qui voyant cette pomme,
Ne se dit pas :

Plus blanche que l'hermine,
Ainsi que l'aubépine,
Viens dans mes bras.

Ta taille gigantesque,
Bien loin d'être grotesque,
Est élancée ;

Un cordon te décore,
Que manque-t-il encore
A ta beauté.

Ton vernis luit encore,
Plus brillant que l'aurore
De tes beaux yeux ;

Par toi, belle compagne,
Traversant la campagne,
Je suis heureux.

Gentille et ravissante,
O ma canne charmante,
Mon seul espoir,

Orgueil de ma jeunesse,
Soutien de ma vieillesse,
J'aime à te voir.

Parcourant la distance
Du riant Tour de France,
Nos Compagnons,

Conservant ta mémoire,
Avec honneur et gloire,
Te porteront.

Si mes couplets, chers Frères
Ont pu vous satisfaire,
L'Enfant Chéri
Garde encore l'espérance
De faire au Tour de France,
Quelques écrits.

LA VIE D'UN COMPAGNON

AIR : *Le fou de Tolède.*

Un fils chéri, ami de la science,
Digne et loyal,
Près de quitter, pour le beau Tour de France,
Son toit natal.
Adieu, dit-il en partant, à sa mère,
Ton fils si bon
Va te quitter pour suivre la carrière
Des Compagnons, oui, des Compagnons.

En arrivant dans la première ville
Du beau Devoir,
Des Bons Enfants il demande l'asile.
Rempli d'espoir,
Pour étudier leur noble caractère
Et leurs leçons,
Il pénétrait dans le beau sanctuaire
Des Compagnons, oui, des Compagnons.

Enfin plus tard notre jeune novice,
Sage et prudent
Aux Compagnons demande le service
D'être aspirant.
Il fut conduit sous la noble bannière
Des Francs Lurons;
Six mois après, il reçut la lumière
Des Compagnons, oui, des Compagnons.

Beau souvenir, c'était le jour de Pâques,
Jour de bonheur!
Il fut admis enfant de maître Jacques,
Grand Fondateur.
Depuis alors, utile et débonnaire
Dans ses actions,
Il fut toujours l'ami juste et sévère
Des Compagnons, oui, des Compagnons.

En Compagnon parcourant sa patrie,
Jeune et joyeux,
De ces bienfaits son âme était ravie,
Il fut heureux.
De l'ouvrier partageant la misère
Et l'abandon,
Parlant toujours en protecteur sincère,
Aux Compagnons. oui, aux Compagnons.

Après dix ans de travail et de peine,
Notre héros
Quitta le Tour, pour sa charmante Hélène,
Frais et dispos;
Il emporta les regrets de ses frères,
Et sans façon
Il embrassa la bonne et tendre Mère
Des Compagnons, oui, des Compagnons.

Depuis longtemps, sur le beau Tour de France,
Nos ouvriers
Parlent, dit-on, d'une sainte alliance
De tous métiers;
Qu'il serait beau de se chérir en frères,
A l'unisson,
Et de s'aimer suivant le beau mystère
Des Compagnons, oui, des Compagnons.

Que ces couplets vous servent de modèles,
Gais aspirants,
Soyez toujours au beau Devoir fidèles,
Persévérants,
L'*Enfant Chéri* vous engage à le faire,
Dans ses chansons,
Suivez aussi les avis salutaires
Des Compagnons, oui, des Compagnons.

HONNEUR AUX POÈTES LYRIQUES

AIR : *Tant qu'il reste une goutte encore.*

Honneur et gloire à l'ouvrier,
Honneur aux enfants du Parnasse,
Du dieu des arts suivez la trace,
Chantres illustres de l'atelier.
Sur vos luths, joyeux troubadours,
Chantez sans craindre la satire,
Chantez la concorde et l'amour,
Chantez le dieu qui vous inspire,
Qui vous inspire.

Soyons unis par la concorde,
Chansonniers, répétons en chœur :
Entre nous jamais de discorde ;
C'est le vœu de nos fondateurs. *bis.*

Passant en revue nos auteurs,
J'en remarque un que je vous cite :
Blanchet, chamoiseur de mérite,
C'est *Vendôme*, la clef des cœurs !
Honneur à ses vieux manuscrits ;
Sa muse était infatigable.
Il existe par ses écrits.
C'est un malheur irréparable,
Irréparable.

Soyons unis par la concorde, etc.

Chantons ce Compagnon cordier,
Que l'on appelle l'*Estimable* ;
Chantons les couplets admirables
De ce poète chansonnier.
Chante, chante, gai ménestrel,
Barde animé d'un saint délire,
Chante le bonheur fraternel,
Fais vibrer les sons de ta lyre.
Sons de ta lyre.

Soyons unis par la concorde, etc.

Des tisserands chantons *Briard*.
Le décidé du Tour de France :
Chantons aussi de la Provence
Ce cordonnier l'ami des arts ;

Chantons tous nos frères orateurs.
Chantons *Joli Cœur de Salerne*,
Il mérite de nos auteurs
La couronne qu'on lui décerne,
Qu'on lui décerne.

Soyons unis par la concorde, etc.

De la *Fidélité Nantais*,
Cordier à la verve lyrique,
Nous avons des chants poétiques,
Constamment il marche au progrès.
Puis encore, voyez du Devoir
Ce ferblantier *Guépin, l'Aimable*,
S'illustrer sans se prévaloir,
Par ses chants, source inépuisable.
Inépuisable.

Soyons unis par la concorde. etc.

Nous connaissons tous Perdiguier,
Ses couplets, sa littérature,
Sa verve délicate et pure
Qui toujours charme l'ouvrier.
Puis de *Nivernais, noble Cœur*.
Des tonneliers le vrai modèle,
Sa muse en fit un orateur.
A Salomon toujours fidèle.
Toujours fidèle.

Soyons unis par la concorde, etc.

N'oublions pas chez les tisseurs
Ce poète qui fait envie,
Chantons la gloire et le génie
De *Dauphiné, la Clef des Cœurs*.
Et toi, l'*Albigeois Bien Aimé*,
Tu mérites bien des bons drilles.
Tu seras toujours estimé,
Par tes chants où la gaîté brille.
La gaîté brille.

Soyons unis par la concorde. etc.

O vous, que je n'ai pas chantés,
Recevez aussi mes hommages,
Ils sont dignes de vos ouvrages.
Exemples de moralité.

Accourez, enfants du Savoir.
L'*Enfant Chéri*, dans son délire,
Chantera toujours du Devoir
Ces auteurs que chacun admire,
Chacun admire.

Soyons unis par la concorde, etc.

LES BRILLANTS NOMS

AIR : *L'Epaulette d'Or.*

Je vais partir, ma bonne et tendre mère,
Le beau Devoir m'appelle sur les champs ;
Calmez vos pleurs, votre douleur amère,
Ne craignez rien pour votre enfant.
Je veux, avant que le printemps commence,
Porter le titre heureux de Compagnon,

Et je veux, sur le Tour de France, *bis.*
M'illustrer par un brillant nom.

Ce fut dans un temple riche et superbe,
Soleil brillant de luxe et de beauté,
Tel que jamais n'en posséda Viterbe,
Célèbre encore par son antiquité :
Oui, dans ce temple, asile du mystère,
Où la vertu conserve son renom,

C'est là que le destin, mes frères, *bis.*
Me fit trouver un brillant nom.

Depuis ce jour, souvenir de ma vie,
Où la vertu vint couronner mon front,
Ivre de joie, mon âme était ravie,
J'allais porter le nom de Compagnon :
Tout ébloui, remportant la victoire,
Mars au combat n'était pas plus luron;

Pour mon honneur et pour ma gloire, *bis.*
Je fus orné d'un brillant nom.

J'ai visité les villes de Provence,
Où le Brennus de notre beau Devoir
S'est arrêté, faisant son Tour de France,
S'est illustré, faisant notre Savoir.

Ombre chérie que toujours je révère,
Et vénérée de tout bon Compagnon,

Pleurons-le, c'était un bon père,
Qui nous dota d'un brillant nom. *bis.*

Ces noms si beaux et si dignes d'envie!
Nous les portons tous, gravés dans nos cœurs.
Pour *Rochelais* il jura sur sa vie
De le garder toujours avec honneur,
Gage d'amour et de reconnaissance,
La renommée publiera son renom.

L'*Enfant Chéri* du Tour de France,
Voilà quel fut son brillant nom. *bis.*

ADIEU A LA TOURAINE

AIR : *Le Cabanon.*

Pays charmant du brillant Tour de France,
Riche séjour favorisé des cieux,
Ton heureux sol produit en abondance,
Gais Compagnons et vin délicieux.
Ton souvenir qui m'enivre et m'enflamme,
Site enchanteur, je te voue mon amour,
En répétant toujours du fond de l'âme,
Adieu, Touraine, adieu, joli séjour. *bis.*

On t'a nommé le jardin de la France,
Grâce à tes champs, tes forêts et tes eaux;
Heureux celui qui coule l'existence
Sous le ciel bleu de tes riches coteaux.
Quand Charles VII, en parcourant tes plaines,
Rencontre Agnès, plus belle que le jour,
Disait alors, en oubliant ses peines:
Adieu, Touraine, adieu, joli séjour. *bis.*

De la Touraine, antique capitale,
Tours, pour longtemps, témoin de mes succès,
Je me rappelle encor ta rue Royale,
Type du beau, des arts et du progrès;
Ville chérie de notre Tour de France,
Je pense à toi, la nuit comme le jour,
De te revoir j'ai toujours l'espérance,
Adieu, Touraine, adieu joli séjour. *bis.*

Si dans tes murs la discorde en furie
A bien souvent renversé l'union,
D'un noble orgueil la concorde s'écrie :
Vous porterez le nom de Compagnon.
Laissez parler tous ces hommes rebelles,
Et libres enfin dans la ville de Tours,
Vous chanterez en Compagnons fidèles :
Adieu, Touraine, adieu, joli séjour. *bis.*

J'ai vu parfois, à table, chez la Mère,
Nos boulangers, honnêtes *Devoirants*,
Le verre en main, bannissant la chimère,
Chanter alors quelques couplets charmants.
La mère Jacob toujours gaie et joyeuse,
Pour ses enfants conservera toujours
Cette bonté de femme généreuse.
Adieu, Touraine, adieu, joli séjour. *bis.*

Chers Compagnons du beau Devoir fidèle,
Cette chanson pourra vous convenir,
L'*Enfant Chéri*, toujours rempli de zèle,
Fit ses efforts afin d'y parvenir.
Mes chers pays j'ai chanté la Touraine,
Voilà mon but, payez-moi de retour,
De l'indulgence, et j'oublierai mes peines,
Adieu, Touraine, adieu, joli séjour. *bis.*

MA CANNE ET MES COULEURS.

Air : *Partons, partons, les arbres sont en fleurs.*

Que j'aime, au lever de l'aurore,
A sentir l'air pur du matin,
Que j'aime à respirer de Flore
L'odorant et gentil butin.
Pour voyager notre patrie,
Oh ! quel beau jour, oh ! quel bonheur
De voir toutes ces villes jolies,
En soutenant sa canne et ses couleurs. *bis.*

J'étais un aspirant fidèle,
J'ai soutenu la *Société*,

Des Compagnons, voyant mon zèle,
A leurs beaux rangs je fus placé.
En voyageant, j'ai l'espérance
De bien m'acquérir de l'honneur,

En faisant mon beau Tour de France, } *bis.*
En soutenant ma canne et mes couleurs.

Puisque la divine Providence,
De *Maître Jacques* nous fit enfants,
Ayons donc la reconnaissance
Et suivons ces beaux réglements.
En nous recevant, ce bon père
Nous fit jurer sur notre honneur,

D'être toujours purs et sincères, } *bis.*
A son devoir, sa canne et ses couleurs.

Souvent des hommes sans usage
Ont méprisé notre Devoir,
Nous avons sur eux l'avantage
D'avoir un nom et du Savoir.
Pourtant un éclair d'espérance
Radoucit parfois nos malheurs,

Et sur le brillant Tour de France, } *bis.*
Chacun soutient sa cannne et ses couleurs.

Enfin si, de ma chansonnette,
Il en est qui soient mécontents,
Amis, tout ce que je regrette,
C'est d'y avoir passé mon temps.
L'*Enfant Chéri* craint les critiques,
C'est le désespoir des auteurs,

Surtout les propos satyriques } *bis.*
Qui médiraient sa canne et ses couleurs.

L'AMITIÉ

AIR: *Charlotte.*

Par l'amitié soyons unis,
Soutenons-nous par la concorde,
Entre nous jamais de discorde,
Frères, soyons amis.

Frères, je vais, ce soir,
Sur ma lyre sonore,
Je vais chanter encore
Pour notre beau Devoir.
Je veux, dans ces couplets
Que je viens d'entreprendre,
De l'amitié si tendre
Célébrer les attraits.

Par l'amitié, etc.

Par elle, enfants soumis
A sa noble bannière,
Nous vivrons, je l'espère,
Exempts de noirs soucis.
Nous serons ses élus.
Son amour qui nous guide,
Nous servira d'égide,
Au temple des vertus.

Par l'amitié, etc.

Enfants de tous métiers.
Qu'importe la nuance,
Illustrons de la France
Les nombreux ateliers.
De la douce amitié
Obtenons les prémices;
Savourons les délices
De la fraternité.

Par l'amitié, etc.

Grands pacificateurs
Des classes ouvrières,
Vos avis salutaires
Soulageront nos cœurs.
Des amis du progrès
Observateurs fidèles,
Vous serez les modèles
Cités par vos bienfaits.

Par l'amitié, etc.

Je suis du beau Devoir
Un protecteur sincère,
Défenseur tutélaire
Des enfants du Savoir.
Bienfaisante amitié,
L'*Enfant Chéri* qui t'aime,
Dans son délire extrême,
Implore ta pitié.

Par l'amitié, etc.

LE DÉPART

Air connu.

Puisqu'en ce jour nous sommes réunis,
Chers Compagnons du Devoir qu'on révère,
Buvons, trinquons comme de vrais amis,
Il faut ici vider verre sur verre ;
Car mon départ, quoique précipité,
Mérite bien la conduite d'usage ;
Et sur les champs, sans craindre le danger,
En Compagnon je saurai protéger,

Le droit du beau Compagnonnage. *bis.*

Que l'union et la fraternité
Règnent sur nous, enfants de la Sagesse.
Pour mon départ vous êtes invités.
Je veux ici, par nos chants d'allégresse,
Que la gaîté fasse place à l'ennui.
Pour aujourd'hui ralentissez l'ouvrage,
Car sur les champs va se mettre un ami,
Qui comme vous sera toujours l'appui

De son brillant Compagnonnage. *bis.*

Il est parti, emportant les regrets
De ses amis, enfants du grand mystère.
Depuis, alors, il fit de grands progrès,
En parcourant sa pénible carrière ;
Il sut toujours, comme un vrai *Devoirant*,
Ouvrir son cœur et montrer son courage.
De ses bienfaits il était triomphant ;
Croyez-le bien, il fit, en voyageant,

L'honneur de son Compagnonnage. *bis.*

Mes chers amis, combien je suis flatté
De l'amitié qui nous presse et nous lie.
Rendons hommage à la fraternité,
Ainsi chez nous point de mélancolie,
Car ces couplets, grâce à l'*Enfant Cheri*,
Sont un sujet pour se mettre en voyage.
Et si chez lui par le hasard conduits,
L'auteur flatté recevra ses amis,

Toujours pour son Compagnonnage. *bis.*

LA PAIX

AIR : *Les Gueux*. (BÉRANGER).

La paix, la paix, (*)
Toujours la paix,
Rien que la paix,
Vive la paix !

J'ai chanté la gaudriole,
J'ai chanté de gais couplets,
J'ai chanté ce qui console,
Je chante aujourd'hui la paix.
La paix, la paix, etc.

Par la paix que je vous chante,
Tous les Devoirs s'uniront,
C'est la pensée dominante,
De tout homme Compagnon.
La paix, la paix, etc.

Vive la paix, la concorde,
Ce sont les plus grands bonheurs,
A bas l'affreuse discorde,
Source de tous nos malheurs.
La paix, la paix, etc.

Longtemps la douce espérance
Nous combla de ses faveurs,
Amis de la bienfaisance,
Nous aurons des jours meilleurs.
La paix, la paix, etc.

Chers enfants du Tour de France,
Nous n'aurons plus d'ennemis,
La paix chasse l'ignorance,
Et rassemble les amis.
La paix, la paix, etc.

(*) Ce refrain, qui n'est pas de moi et que par hasard j'ai rencontré, m'a procuré l'idée de faire cette chanson intitulée la PAIX.

Plus de propos satyriques,
Plus de disputes chez nous.
Frères, soyons pacifiques.
Soyons un peu moins jaloux.

La paix, la paix, etc.

Plus de ces luttes qui naguères
Nous désolaient tour à tour,
Aujourd'hui nous sommes frères.
Par la concorde et l'amour.

La paix, la paix, etc.

Marchons tous sous la bannière
Des enfants de l'union,
Parmi la classe ouvrière.
Jamais de discussion.

La paix, la paix, etc.

Cette paix que je vénère.
Que j'aime et que je chéris.
Nous sauve de la misère,
Nous soulage et nous guérit.

La paix, la paix, etc.

Amis du Compagnonnage.
Dans ses modestes couplets
L'*Enfant Chéri* vous engage
De vivre toujours en paix.

La paix, la paix, etc.

JE CHANTE TOUJOURS

PARODIE

AIR : *Je Chanterai.*

Depuis quelque temps grisonne ma tête,
Mais malgré cela je chante toujours.
D'un joyeux refrain, d'un couplet de fête.
Je m'enivre encor, de ces chants d'amour.
C'est surtout le soir, quand souffle la brise.
Qu'inspiré pafois souvent je devise.

Pour nos ouvriers, tant que je pourrai
Faire des chansons... moi je chanterai. *bis.*

Je chante toujours du Devoir suprême
Toutes les douceurs que nous ressentons,
Je chante toujours le bonheur extrême,
Le parfait accord de nos Compagnons.
Heureux quand je peux d'un sujet traitable,
Captiver vos cœurs, vous être agréable.

Pour nos Compagnons, tant que je pourrai
Faire des chansons... moi je chanterai. *bis.*

Je chante toujours le beau Tour de France,
La fraternité, l'ami du progrès,
Je chante toujours sans indifférence,
La paix, le bonheur, sur bien des sujets.
De mes doux accents le dieu qui m'inspire,
Me dit : Chante encor ; puis dans mon délire,

Pour nos Compagnons, tant que je pourrai
Faire des chansons... moi je chanterai. *bis.*

Je chante toujours, mais quand donc pourrai-je
Vous chanter un père, aux soins protecteurs,
Vous chanter enfin celui qui protège
Le pauvre orphelin de l'homme oppresseur.
De l'*Enfant Chéri* suivez les maximes,
Ses couplets charmants qui font votre estime.

Car du beau Devoir, tant que je pourrai,
Chanter les grandeurs... moi je chanterai. *bis.*

AUX AMIS DU PROGRÈS

AIR : *Allons, Babet, un peu de complaisance.*

Réformateur des abus chimériques,
Oublions-les ces temps bien douloureux,
Chérissons-nous, soyons plus pathétiques,
Habilement rendons-nous plus heureux :
Et puis enfin bravant la médisance,
Le cœur content, chantons tous, sans regrets,
L'amour du bien, l'honneur de la science,
Amis des arts, marchons donc au progrès. *bis.*

Il faut chanter, le Devoir nous l'ordonne,
Sur des sujets graves et gracieux,

Libres chanteurs, votre voix qui fredonne.
En s'élevant arrive jusqu'aux cieux;
N'oubliez pas vos frères dans l'indigence,
Faites le bien toujours avec succès;
Apprenez-leur que sur le Tour de France
Nous suivons tous la route du Progrès. *bis.*

Tous les auteurs du progrès, moralistes.
Chantent toujours à la fraternité,
Heureux partout, la voix de nos légistes,
Écrase encore l'ignoble absurdité;
Relevez-vous, mânes de nos ancêtres,
Ils ne sont plus ces temps loin de la paix,
Chers Compagnons, d'heureux jours vont renaître,
Brillants d'amour et riches de progrès. *bis.*

Disparaissez, rivalités sanglantes,
Un boulanger, Compagnon plein d'espoir,
Désire voir les ouvriers qu'il chaute,
Ensemble unis, gais soutiens du Devoir!
Visitez-vous, point de dédain critique,
O! mes amis, composant ces couplets,
Ils ont un but louable et pacifique,
Réveillez-vous, vrais amis du progrès. *bis.*

LE RETOUR AU VILLAGE

AIR: *D'où viens-tu beau nuage.*

Parcourant la distance
Du riant Tour de France.
Après six ans d'absence.
Te voilà de retour
Regarde ton vieux père.
Vois sa douleur amère,
Les larmes de ta mère,
Gage de son amour.

Conte-nous ton voyage,
Enfant, nous t'écoutons,
Parle-nous ce langage
Connu des Compagnons. *bis.*

As-tu vu la Gironde,
Bordeaux où tout abonde,
Son port en forme ronde:

Son pont majestueux.
Dis-nous si l'intendance,
Son théâtre où l'on danse,
Son Quinconce et Plaisance,
Sont toujours somptueux.

Conte-nous, etc.

As-tu vu la Provence,
Jardin plein d'élégance,
Berceau de la science,
Ce beau ciel enchanteur.
As-tu vu Sainte-Baume,
Cet endroit qu'on renomme,
Où mourut ce grand homme,
L'illustre Fondateur.

Conte-nous, etc.

Parle-nous donc du Rhône,
Des rives de la Saône,
Ce pays que l'on prône,
Pour tous ses agréments.
Lyon, ville ouvrière,
Et manufacturière,
Brillante fourmillière,
Témoin de mes serments.

Conte-nous, etc.

As-tu vu cette ville,
En talents si fertile,
Si riche en domicile,
Paris centre des arts.
Sous ta voûte éthérée,
Cité tant renommée,
Véritable Elysée,
Tu frappes les regards.

Conte-nous, etc.

Poursuivant ton histoire.
Jeune ami de la gloire,
Suivis-tu de la Loire
Le cours extravagant.
As-tu vu le domaine
De Blois la souveraine,
Et puis de la Touraine,
Vu la Mère, en passant.

Conte-nous, etc.

As-tu vu vers la plaine,
Angers sur la Mayenne,
Ville des plus anciennes,
Et son site orgueilleux.
As-tu vu la Bretagne,
As-tu vu sa campagne,
Ce pays de cocagne,
Favorisé des cieux.

Conte-nous, etc.

De retour au village,
Je dois en homme sage,
Vous conter mon voyage,
Les agréments du Tour.
Surtout à vous, mon père,
Vieux Compagnon sincère,
Pour parler du mystère,
Sacrifions ce jour.

Vous contant mon voyage,
Bon père, nous pourrons
Parler ce doux langage, *bis.*
Chéri des Compagnons.

UNION ET FRATERNITÉ

AIR : *Le Forçat libéré.*

Depuis longtemps méprisant la discorde,
Non sans plaisir nous voyons, chaque jour,
Les corps d'état guidés par la concorde,
Se voir, s'aimer, et s'aider tour à tour.
Rien n'est si beau qu'une amitié sincère :
A bas ces cris de haine et de douleurs,
Qui, trop souvent, ont causé nos malheurs.
En protégeant notre ami, notre frère,

Joyeux enfants d'amour et de gaîté, *bis.*
Soyons unis par la fraternité

Naguère encor des luttes sanguinaires,
Qui de nos maux grandissaient les douleurs,
Tous ces écarts, tous ces abus contraires,
Disparaîtront, c'est le vœu de nos cœurs.

Car, à quoi bon d'être toujours en guerre,
Soyons amis; plus de dissention,
Et le bonheur tout entier dans l'union,
Voudrait nous voir sous la même bannière.

Joyeux enfants d'amour et de gaîté, *bis.*
Soyons unis par la fraternité.

De *Salomon* l'on vante la sagesse,
Jacques et *Soubise* ont des admirateurs;
Honorons-les ces types de noblesse,
Ce sont nos pères, ils sont nos Fondateurs;
Qu'à leurs mémoires ici chacun s'incline,
Chers Compagnons, respectons leurs décrets,
Tous enflammés de leurs saintes doctrines.

Joyeux enfants d'amour et de gaîté, *bis.*
Soyons unis par la fraternité.

Fraternité, savourant tes délices,
Chaque ouvrier peut se donner la main,
Marcher ensemble au gré de leurs caprices,
Se visiter sans haine et sans dédain;
De nos aïeux respectons les maximes,
Marchons, amis, marchons vers le progrès,
Alimentons la flamme désormais
Du feu sacré, frères, qui nous anime.

Joyeux enfants d'amour et de gaîté, *bis.*
Soyons unis par la fraternité.

N'importe, amis, nos lois et nos mystères.
Tous les Devoirs vont désormais s'unir,
Quel doux plaisir de voyager en frères,
De voir enfin tous nos malheurs finir;
L'*Enfant Chéri* de l'antique Rochelle,
Voudrait du moins voir tous nos *Devoirants*
Etre d'accord et passer leurs instants
Dans le bonheur d'une paix fraternelle.

Joyeux enfants d'amour et de gaîté. *bis.*
Soyons unis par la fraternité.

LA SAINT-HONORÉ

AIR : *Les Jeunes et les Vieux.*

Mes chers amis, voici la fête
Qui nous unit tous d'un grand cœur,

Il faut en Compagnon honnête ;
La célébrer avec honneur. *bis.*
Nous nous rassemblons tous en frères,
Ayant la douce liberté
De chanter en vidant nos verres,
Honneur au grand Saint Honoré. *bis.*

Sachez que sur le Tour de France
Chaque Compagnon doit savoir,
Soit à Paris, soit en Provence,
L'usage du brillant Devoir. *bis.*
Nous allons entendre la messe,
Les couleurs à notre côté,
Puis nous chantons avec sagesse,
Honneur au grand Saint Honoré. *bis.*

Après avoir au saint office,
Assisté en vrai Compagnon,
O grand Saint, soyez-nous propice,
Guidez nos pas à la raison ! *bis.*
Ce beau jour, digne de mémoire,
Pour nous est un jour désiré,
Et répétons pour notre gloire,
Honneur au grand Saint Honoré. *bis.*

En retournant chez notre Mère,
La musique marche en avant,
Et le grand ordre du mystère
Arrête chaque *Devoirant* ; *bis.*
Puis enfin le Devoir aimable
Finit, et chaque convié
Proclame en se mettant à table,
Honneur au grand Saint Honoré. *bis.*

Après ce repas délectable,
Qui transporte et nous rend heureux,
Avant de sortir de la table ;
C'est à qui chantera le mieux ; *bis.*
Il faut, pour terminer la fête,
Que chacun porte une santé,
A la mémoire de ce prophète,
Honneur au grand Saint Honoré. *bis.*

Si ma chanson a pu vous plaire,
O mes amis, je suis heureux,
Car ici pour vous satisfaire,
L'*Enfant Chéri* fait de son mieux ; *bis.*

O vous qui comblez mon attente,
Compagnon soyez modéré,
Car vous voyez que je vous chante, *bis.*
Honneur au grand Saint Honoré.

LES ADIEUX A ROCHEFORT

AIR : *Giroflée au Printemps.*

Près de quitter les bords de la Charente,
Bords fortunés, toujours chers à mon cœur,
Je te salue, belle ville naissante,
Ville d'amour, de joie et de bonheur.
Mes bons amis, à regret je vous quitte,
Car mon devoir m'oblige de partir,
Chers Compagnons faites-moi la conduite.
Je garderai longtemps ce souvenir.

Adieu, jeune cité,
Adieu, ville jolie,
Peut-être pour la vie
Je m'en vais te quitter.

De Rochefort je regrette les charmes,
Petit boudoir chéri par les amours,
Et si mes yeux répandent quelques larmes,
C'est de quitter le plus beau des séjours.
Beaux monuments, orgueil de ton enceinte,
L'homme est petit auprès de vos grandeurs,
Je vous salue d'une piété sainte,
Respect aux arts et gloire aux fondateurs.

Adieu, jeune cité, etc.

Combien de fois du voyageur touriste,
Par ton aspect fréquemment visité,
Et dans tes murs combien de fois l'artiste
Sut rendre hommage à ta célébrité.
Adieu vaisseaux, citadelles mouvantes,
Beaux ateliers, magnifique arsenal,
Et ton jardin ici que chacun vante,
Tes belles rues et ton vaste hôpital.

Adieu, jeune cité, etc.

En vous quittant, ma douleur est amère,
Mes chers pays, je reviendrai vous voir,
Mais avant tout je vous salue, la Mère,
Permettez-moi de vous dire au revoir.

Un doux baiser de l'enfant qui regrette
De vos bontés l'ineffable grandeur,
Doit être doux, Mère, je le répète,
Doit être cher partant d'un si bon cœur.

Adieu, jeune cité, etc.

Mes vieux amis, Compagnons que j'honore.
Recevez donc en ce jour mes adieux,
C'est à regret que je vous laisse encore,
Mais, il le faut, je dois quitter ces lieux.
Je vais partir sur le beau Tour de France,
Répandre au loin l'amour, la charité;
Car, des devoirs, je prêche l'alliance.
Symbole heureux de la fraternité.

Adieu, jeune cité, etc.

De tous les corps, Compagnons de ma gloire,
Qui ne rêvez qu'amour, fraternité,
Oui, vous aurez place dans notre histoire,
Vous régnerez à la postérité.
Mes chers pays, la muse qui m'inspire
Vous dit: chantez votre auteur favori,
Qui d'Apollon vient de prendre la lyre,
Chantez en chœur, chantez l'*Enfant Chéri*.

Adieu, jeune cité, etc.

LE SEIZE MAI

AIR : *J'irai revoir mon père, aussi ma mère.*

Le voilà donc ce beau jour qui se lève,
Oh ! Seize Mai, célébrons ton retour,
Oui te voilà, non ce n'est pas un rêve,
Tout radieu de plaisir et d'amour.
Quittez, boulangers, votre ouvrage,
Car aujourd'hui vous devez bien savoir
Qu'il faut, selon l'antique usage,
Fêter ce saint ; pour nous c'est un devoir. *bis.*

Saint Honoré, sous ta noble bannière,
Reçois nos vœux. ils sont purs et sincères;
Sois le soutien de chaque Compagnon,
Et n'oublie pas qu'ils béniront ton nom. *bis.*

Entendez-vous cette cloche qui tinte,
C'est le signal qui vient nous avertir.
Pour le saint lieu quittons donc cette enceinte
Où le ministre attend pour nous bénir.
Sonnez clairons, hautbois, musette,
Flottez aussi, nos brillantes couleurs,
Et que partout chacun répète
Ce gai refrain qui fait battre nos cœurs. *bis.*

Saint Honoré, etc.

Voyez, partout où passe le cortége,
Comme chacun accourt pour nous voir.
Du saint patron le Dieu qui nous protége,
S'enorgueillit de notre beau Devoir ;
Allons, rendons-nous chez la Mère,
Puis à la porte, enfants, nous saluerons :
Amis, c'est l'ordre du mystère,
C'est le devoir de tous nos Compagnons. *bis.*

Saint Honoré, etc.

Nous nous quittons, pour un moment sans doute.
Car au dîner qui nous attend, ce soir,
Le cœur content, les échos de la voûte
Retentiront de bonheur et d'espoir ;
Allons, chanteurs, vidons nos verres,
C'est dans le fond qu'on trouve les chansons,
Puis au bal terminons en frères
Cette journée chère à nos Compagnons. *bis.*

Saint Honoré, etc.

L'amour divin du Devoir qui m'inspire,
M'excite encor dans mes nombreux Projets.
Mes chers pays, si j'accorde ma lyre,
C'est le désir qu'on chante mes couplets,
Vous connaîtrez l'auteur fidèle,
Par vous chanté déjà depuis longtemps,
L'*Enfant Chéri* que l'on appelle
Le *Rochelais*, soutien des *Devoirants.* *bis.*

Saint Honoré, sous ta noble bannière,
Reçois nos vœux, ils sont purs et sincères ;
Sois le soutien de chaque Compagnon,
Et souviens-toi qu'ils béniront ton nom. *bis.*

ADIEU A LA PROVENCE

Air : *J'étais assis au bord d'une onde pure.*

Adieu, je pars, adieu, belle Provence,
Je vais quitter mes braves Compagnons,
Je vais partir pour parcourir la France
Et visiter notre Fondation.
En vous laissant j'emporterai pour gage
Votre amitié qui fait tout mon bonheur.
Et ce trésor de notre Fondateur, *bis.*
Beau secret du Compagnonnage.

Jours fortunés, ô jours pleins d'allégresse,
Que j'ai passés dans ces lieux enchanteurs,
Des Compagnons j'admire la sagesse,
Des aspirants l'amitié, le bon cœur.
De ce beau temps je garde souvenance,
J'étais heureux, vous fûtes mon appui.
Avec regret je vous quitte aujourd'hui *bis.*
Pour terminer mon Tour de France.

Adieu, Toulon, l'appui du grand mystère;
Adieu, Marseille, adieu tes environs,
Je vais partir pour suivre la carrière
Que le Devoir impose aux Compagnons.
Portant mes pas vers un autre rivage,
Pour y chercher les enfants du Savoir,
Je partirai vous disant au revoir, *bis.*
Berceau du beau Compagnonnage.

J'ai parcouru tes forêts et tes plaines,
J'ai visité les murs du Saint-Pilon,
Puis cette grotte où sainte Magdeleine,
Pendant longtemps, demanda son pardon.
J'ai voulu voir, étant dans la Provence,
Ses beaux pays, ses sites enchanteurs,
La Sainte-Baume et ses belles couleurs, *bis.*
Répandues sur le Tour de France.

Si mes adieux à la belle Provence,
Mes chers amis, ont pu vous convenir,
L'*Enfant Chéri* veut de votre indulgence
Garder toujours le précieux souvenir.
Jusqu'au tombeau je veux être sincère
A mon Devoir, à tous les Compagnons.
Mes bons amis, si je fais des chansons, *bis.*
Je n'ai qu'un but, c'est de vous plaire.

SOUVENIR ET REGRET

Air : *Les cinq étages.*

Ce que je regrette à présent,
C'est le doux plaisir du jeune âge.
C'est ce bonheur si séduisant
D'aspirer au Compagnonnage :
Je me souviens de ces beaux jours,
J'avais vingt ans, l'âme distraite.
J'aimais les folâtres amours. *bis.*
Oui, voilà ce que je regrette.

Je me rappelle ce beau jour,
Partant de Nantes, sur la Loire,
Pour Angers, ce brillant séjour
Qu'on surnomme la ville noire :
Là je fus reçu Compagnon,
J'étais content de ma conquête ;
Car pour moi loin d'être un guignon. *bis.*
C'est un beau jour que je regrette.

Admis au rang des *Devoirants*,
Je continue mon Tour de France.
Chassant au loin les différents,
La paix fut ma douce espérance ;
J'étais heureux quand je pouvais
Soulager l'homme qui végète.
De ce bonheur les doux attraits. *bis.*
C'est encor ce que je regrette.

Dans chaque ville, en arrivant,
J'allais de suite chez la Mère,
Certain de trouver, en passant,
Des amis probes et sincères,
J'étais content quand, parmi vous,
Les refrains d'une chansonnette
Charmaient nos moments les plus doux. *bis.*
C'est parfois ce que je regrette.

Trouvez-vous un plus grand bonheur.
Que dans l'amitié fraternelle,
On se protège avec douceur,
La peine n'est que bagatelle ;
Heureux moments, doux souvenirs,
Rendez à mon âme inquiète
La paix, la joie et le plaisir. *bis.*
Hélas ! mon Dieu, je vous regrette.

J'ai cherché dans bien des sujets,
Un mot que je puisse décrire;
Je vous ai chanté mes regrets,
Je vous prie, n'allez pas médire;
L'*Enfant Chéri*, modeste auteur
De la petite chansonnette,
Vous a dépeint, dans son ardeur
Tous les agréments qu'il regrette. *bis.*

MON ESPOIR

AIR : *La Cardeuse de matelas.*

Je vais chanter, on me l'ordonne.
Je ne veux déplaire à personne,
Depuis longtemps j'ai des projets
De chanter sur bien des sujets;
Enfin, mes amis, pour vous plaire.
Je vais ici vous satisfaire,
Foi de Compagnon du Devoir,
Je vais vous chanter mons espoir. *bis.*

J'espère une sainte alliance
Chez les enfants du Tour de France,
J'espère enfin depuis longtemps
Le bonheur de nos descendants;
J'attends que la classe ouvrière
Marche sous la même bannière.
Foi de Compagnon du Devoir,
Mes bons amis, c'est mon espoir. *bis.*

J'espère encor l'ère nouvelle,
Avantageuse et fraternelle,
J'espère encor cet âge d'or,
De la morale vrai trésor;
Chérissons ce temps de la vie,
A l'homme sage, il fait envie.
Foi de Compagnon du Devoir,
Mes bons amis, c'est mon espoir. *bis.*

J'espère en la philanthropie,
Dans une nouvelle utopie,
Nous aurons, passant d'heureux jours,
Moins de propos et plus d'amours;
Chaque ouvrier pourra, je pense,
En paix faire son Tour de France.
Foi de Compagnon du Devoir,
Mes bons amis, c'est mon espoir. *bis.*

Enfin j'espère la concorde,
Je veux que l'ouvrier s'accorde;
Pour le progrès que nous aimons,
Nous verrons tous nos Compagnons
Fraterniser comme des frères,
Et chanter en vidant leurs verres.
Foi de Compagnon du Devoir,
Mes bons amis, c'est mon espoir. *bis.*

Amateurs de chansons nouvelles,
Je peux vous en donner de belles,
Et puis je vous désire aussi,
Sur ma foi de l'*Enfant Chéri*,
Une fraternité suivie,
Qui vous fasse chérir la vie.
Foi de Compagnon du Devoir,
Je vous ai chanté mon espoir. *bis.*

L'ASPIRANT VOYAGEUR

AIR : *Plaignez, hélas ! la veuve du marin*, ou : *Vive Paris.*

Que cherches-tu sur le beau Tour de France,
Jeune aspirant, perdu dans nos chemins?
Tu te nourris de la douce espérance
D'être un beau jour au rang des orphelins.
N'entends-tu pas la voix triste et cruelle.
Ne crains-tu pas d'être perfide un jour,
Et que la mort, si tu n'es pas fidèle,
Ne vienne à toi, peut-être, avant ton tour? *bis.*

Mais si l'envie qui absorbe ton âme
Te fait braver tous les périls affreux,
Jeune aspirant n'imite pas l'infâme,
Tu te rendrais à jamais malheureux.
Ecoute, ami, ce frère du mystère,
Qui te le dit, crois-le, sur son honneur,
Il vaut bien mieux rester pur et sincère,
Et tu pourras conserver ton bonheur. *bis.*

La crainte enfin est de toutes les fêtes,
Répond tout bas le pauvre voyageur,
S'il faut braver les dangers, les tempêtes,
Pour le Devoir ce sera sans terreur.
Vous connaissez la route tortueuse
Où les maudits jamais ne marcheront;
Je la suivrais comme vous, périlleuse,
Pour être mis au rang des Compagnons. *bis.*

Il parcourut ce sentier de la gloire,
Il y trouva la palme du bonheur,
Comme un soldat courant à la victoire,
Il en revint, un secret dans le cœur.
Et *Rochelais*, sur le beau Tour de France,
De son Devoir bravant les ennemis,
L'*Enfant Chéri* conserve l'espérance
De voyager pour revoir ses amis. *bis.*

LE CHANT

DES ENFANTS DE MAITRE JACQUES

AIR : *Le Chant des soldats.*

Puisque ce repas délectable
Nous réunit, gais travailleurs,
Chantons les plaisirs de la table!
Que la joie dilate nos cœurs;
Que le vin pétille en nos verres,
Vertueux enfants du Savoir;
Buvons à l'honneur de nos frères,
Buvons à notre beau Devoir. *bis.*

Ensemble! Ensemble, amis, chantons en frères,
Ces couplets que nous estimons,
Ces gais refrains de nos chansons
Des poëtes que nous aimons;
Chantons, comme faisaient nos pères,
A l'honneur de nos Compagnons. *bis.*

Sous le beau ciel de notre France,
Par nos bienfaits soyons cités;
Coulons doucement l'existence
Au sein de la fraternité;
Bannissons toutes ces querelles,
Pour nos frères soyons humains,
Soyons les défenseurs fidèles
De la veuve et de l'orphelin. *bis.*

Ensemble! Ensemble, etc.

De l'amitié goûtons les charmes;
Pour elle, amis, formons des vœux.
Elle dissipe nos alarmes,
Nous transporte et nous rend heureux;

C'est dans nos soirées fraternelles
Que nos chants doivent retentir,
Amateurs de chansons nouvelles,
Chantez, vous nous ferez plaisir. *bis.*

Ensemble ! Ensemble, etc.

Plus de ces funestes attaques,
Plus de disputes entre nous,
Les descendants de *Maître Jacques*
Seront toujours prudents et doux;
Dans nos banquets compagnonniques,
Devoirants, répétons en chœur
Ces couplets, toujours pacifiques,
De l'*Enfant Chéri*, notre auteur. *bis.*

Ensemble ! Ensemble, etc.

COUPLETS

Dédiés à plusieurs Compagnons de mes amis qui sollicitèrent l'impression de mes Chansons.

AIR : *Le soleil de ma Bretagne.*

Frères, merci de m'avoir inspiré
Le bon conseil d'éditer mon ouvrage;
Je suis heureux de vous en faire hommage,
Puisque par vous je suis sollicité.
Vieux amis que j'honore,
Recevez donc encore,
Recevez, en ce jour,
Mes vœux et mon amour.

Grâce à vos soins, Compagnons généreux,
Nos ouvriers sur le beau Tour de France,
Vers le progrès marchent en assurance,
Dans la douce espérance
D'un avenir heureux.

Vous, désireux d'un recueil imprimé,
Acceptez-le d'un fidèle acolyte,
Fier *Toulousain* dit *la belle Conduite,*
Ainsi que toi *Marandais bien Aimé* ;
Vous que je considère,
Recevez-le d'un frère,
Chaleureux sectateur,
D'un Devoir protecteur.

Grâce à vos soins, Compagnons, etc.

Depuis longtemps l'*Angoumois noble Cœur*
Marche au progrès pour le Compagnonnage,
Du même pas, *Limousin bon Courage*,
Suit constamment la route de l'honneur.
Frères, votre conduite
Est digne de mérite :
Par la postérité
Vos noms seront cités.

Grâce à vos soins, Compagnons, etc.

De *Rochelais* dit *la Fidélité*,
Je veux chanter le digne caractère,
Je chante aussi ce frère du mystère,
Nommé par vous *Vannois le Décidé*.
Dans toutes circonstances,
Cédant à vos instances :
Vous le voyez, amis,
Vos vœux sont accomplis.

Grâce à vos soins, Compagnons, etc.

Honneur à toi, *Saintonge bon soutien*.
Chaud partisan d'un Devoir tutélaire,
Du bas Poitou l'*Amitié* notre frère,
Mérite aussi qu'on en dise du bien.
Amis, je vous estime,
Vous serez mes intimes.
Nos jeunes successeurs
Chanteront vos bons cœurs.

Grâce à vos soins, Compagnons, etc.

J'aime chez vous, favoris de mon cœur,
Ce zèle ardent, ce zèle infatigable.
Par vos bontés, sources inépuisables.
Nos descendants vous devront le bonheur :
L'*Enfant Chéri*, mes frères,
Dans ces couplets sincères.
Vous chante tour à tour
La concorde et l'amour.

Grâce à vos soins, Compagnons, etc.

GLOIRE AUX INNOVATEURS

AIR : *La Brise du Matin*.

Chantons et répétons en chœur
Ces refrains fraternels de nos chants pacifiques.
Dédiez, zélés sectateurs,
Vos couplets sympathiques,
A la gloire, *(bis)* à l'amour de nos innovateurs.

Honneur à tous nos Compagnons,
Convives fortunés du banquet de la vie,
O vous qui faites des chansons,
C'est par vos chants joyeux qu'ensemble nous pourrons
Fraterniser en dépit de l'envie,
Plus de rivalité, les Devoirs s'uniront.

Chantons et répétons, etc.

Honneur à l'homme bienfaisant
Qui travaille toujours au bonheur qu'il espère.
Heureux sans être suffisant,
Il veut émanciper ses frères languissants;
Des vieux abus dont on fait un mystère,
Des préjugés menteurs il n'est point partisan.

Chantons et répétons, etc.

De tous les corps, joyeux enfants,
Soyez de vos Devoirs le soutien, l'espérance,
Pensez donc à vos descendants.
Que l'avenir pour eux soit des plus attrayants,
Semez partout, sur le beau Tour de France,
La concorde et la paix, l'amour des *Devoirants*.

Chantons et répétons, etc.

Du vieux temps, triste souvenir,
Détournons nos regards d'une guerre intestine.
Nous espérons de l'avenir
Des moments plus heureux qui nous fassent chérir.
D'un Dieu de paix la clémence divine,
Du détracteur méchant saura nous affranchir.

Chantons et répétons, etc.

C'est à vous, de tous les Devoirs,
Poètes Compagnons, d'accorder votre lyre.
Vos chants combleront mon espoir,
Vous serez les élus que chacun aime à voir
Chantez toujours, sans craindre la satyre,
Les amis du progrès, les enfants du Savoir.

Chantons et répétons, etc.

. *Jacques*, *Soubise* et *Salomon*.
Fondateurs vénérés du beau Compagnonnage,
Vos enfants chérissent vos noms,
Car ils sont orgueilleux du titre Compagnon;
Postérité, transmettez d'âge en âge
L'union des Devoirs qu'ensemble nous chantons.

Chantons et répétons, etc.

Hommage à nos innovateurs !
Nous ne pourrons jamais trop vanter leurs maximes.
Illustres régénérateurs,
Vous aurez nos moments, vous aurez nos faveurs.
L'*Enfant Chéri*, dans ses couplets intimes,
Voudrait du beau Devoir chasser les oppresseurs.

Chantons et répétons, etc.

LE DEVOIR NE PÉRIRA PAS

AIR de la *Favorite*.

Quels sont ces bruits, sombres, désolateurs,
D'un funeste présage? *bis*.
Sur le Devoir, illustres sectateurs,
Circulent en ce moment bien des écrits menteurs;
Vous avez tort, libellistes mordants,
Ennemis du beau Compagnonnage,
Cessez vos sarcasmes méchants,
Et n'attaquez jamais le corps des *Devoirants*.

Tous vos écrits ne serviront à rien.
Plus de sanglantes guerres, *bis*.
Le beau Devoir, qui ne veut que le bien,
Du peuple Compagnon fut toujours le soutien;
Ne croyez pas détruire à tout jamais,
Parmi nous l'union la plus chère,
Car loin de marcher au progrès,
Vous fuyez le sentier qui conduit à la paix.

N'écrivez plus de libelles trompeurs,
Soyez plus pacifiques. *bis*.
La charité qui fait notre bonheur,
Doit être la devise adoptée par vos cœurs,
Car à quoi bon enfin de censurer.
Du Devoir les lois Compagnonniques?
Laissez, sans plus vous occuper,
Gouverner librement vos frères ouvriers.

Le beau Devoir existera toujours,
Malgré la calomnie. *bis*.
Sous son égide on passe de beaux jours,
Libre à chacun de vous d'en suivre l'heureux cours;
De tous les corps ouvriers voyageurs,
Entre vous jamais de zizanie,
Ne soyez jamais oppresseurs,
Vous aurez satisfait nos sages Fondateurs.

Par l'union et la fraternité,
Enfants du Tour de France, *bis.*
Soyez amis, point de rivalité,
C'est le plus grand bonheur de la société.
L'*Enfant Chéri*, l'auteur de ces couplets,
Compagnons, conserve l'espérance
Qu'un jour, certain d'un beau succès,
En frères courageux nous obtiendrons la paix.

SOUVENIR DE LA ROCHELLE

AIR: *Javotte l'écaillère.*

Je suis un fameux négligent,
Depuis si longtemps que je chante,
Vous me traitez d'indifférent,
Vous ne trompez point mon attente;
Enfin vaut mieux tard que jamais.
A mon pays toujours fidèle,
Si j'ai tardé j'ai des regrets.
Mes chers amis, dans ces couplets
Je vais vous chanter La Rochelle. *bis.*

J'ai passé de bien doux instants
Dans cette ville renommée.
Du Tour, à l'âge de vingt ans.
Je pris la route fortunée,
Plein d'espérance et d'avenir,
Peu d'argent dans mon escarcelle,
J'étais bien heureux de partir,
Conservant un doux souvenir
Des habitants de La Rochelle. *bis.*

Je me rappelle ces beaux lieux,
Ces bords chéris de l'Atlantique,
Terre où reposent mes aïeux,
J'aime à te voir, séjour antique.
L'amour du pays dans mon cœur
M'excite à chanter avec zèle
Un chant tout pacificateur
Qui donne la paix, le bonheur
A mes frères de La Rochelle. *bis.*

Des Compagnons riant séjour,
Ville aimable du Tour de France,
Reçois mon cœur et mon amour,
Reçois toute ma déférence.

Combien de fois j'ai, dans ton sein,
Chanté l'amitié fraternelle,
Chanté l'amour et le bon vin,
A tous nos frères sans chagrin,
Gais habitants de La Rochelle. *bis.*

Depuis bien longtemps j'ai quitté
Ces murs chéris que je regrette,
O mon pays, riche cité,
Reçois les vœux de ton poète.
L'*Enfant Chéri* du beau Devoir
Vous dédie sa chanson nouvelle;
Chantez, gais enfants du savoir,
Ces beaux couplets dignes d'espoir,
En souvenir de La Rochelle.

MA PREMIÈRE CHANSON

Air : *Il y a longtemps qu'un beau matin.*

Il y a bien longtemps, mes amis,
C'était un soir, je me rappelle,
J'étais jeune, exempt de soucis,
Alors j'habitais La Rochelle;
Je visitais les Compagnons,
Bercé de la douce espérance
Qu'un jour je ferais des chansons
Destinées pour le Tour de France. *bis.*

Depuis ce jour, rempli d'espoir,
Je fus admis au rang sublime
Des joyeux enfants du Devoir;
Jugez de mon bonheur intime,
Je devins l'ami des Neuf Sœurs,
Et pour le Devoir que j'honore
Je fis des couplets protecteurs,
Que ma muse répète encore. *bis.*

La première de mes chansons,
Que je fis, parcourant la France,
Je la fis pour nos Compagnons.
Elle a comblé mon espérance :
De la France elle fit le tour.
En récompense de mes peines,
Elle fut chantée tour à tour,
Dans chacune de nos cayennes. *bis.*

Depuis ce jour, mes chers pays,
J'ai blâme celui qui blasphème,
J'ai chanté mes nombreux amis,
J'ai chanté le Devoir suprême;
Même aujourd'hui je chante encor,
Et tant que durera ma vie,
Je conserve comme un trésor, *bis.*
Ce doux plaisir qui fait envie.

Doux plaisir, langage des dieux,
Je t'aime, auguste poésie,
Remplis mon cœur de tes doux feux,
Soulage mon âme attendrie;
Et vous, boulangers du Devoir,
Flattez ma verve passagère,
Chantez, vous comblerez l'espoir *bis.*
De l'*Enfant Chéri* votre frère.

LE RÉFORMATEUR

AIR : *Allons, vieillard, divertis-nous.*

Quand tout renaît à l'espérance,
Et que nous voyons chaque jour,
Les ouvriers du Tour de France
S'aimer, se chérir tour à tour;
Nous nous sentons renaître et vivre,
Les vieux abus sont repoussés,
La fraternité nous délivre
Des sottises du temps passé.

L'humanité progresse,
Amis, c'est le bonheur,
D'une sainte et vive allégresse
Chantons l'homme réformateur. *bis.*

Depuis longtemps c'est ma pensée,
C'est le rêve de mes instants,
Amis, pour la cause sacrée
Je sacrifierai tout mon temps;
Vous qui partagez ma croyance,
Des Devoirs zélés sectateurs,
Formons une sainte alliance,
C'est le vœu de nos fondateurs.

L'humanité progresse, etc.

Réformons les propos vulgaires.
Tous ces absurdes sobriquets;
Réformons les abus contraires

De la morale et du progrès;
Soyons de la classe ouvrière
Les soutiens dignement cités;
Répandons partout la lumière,
La sagesse et la charité.

L'humanité progresse, etc.

Il faut abolir, dit un sage,
L'ignoble bâton de longueur,
Il faut du beau Compagnonnage
Chasser ce qui n'est pas flatteur:
Entre vous plus d'indifférence,
Soyez prêts à vous soulager,
Il faut, enfants du Tour de France,
Vivre en paix et vous protéger.

L'humanité progresse, etc.

C'est à vous, poètes que j'aime,
D'être en tous points réformateurs,
De chanter un nouveau système,
Bienfaisant et consolateur;
Plus de ces couplets satyriques,
La bienséance le défend,
Ne manquez jamais de logique,
L'*Enfant Chéri* sera content.

L'humanité progresse, etc.

MES ADIEUX AU TOUR DE FRANCE

AIR : *Notre vaisseau va quitter cette plage.*

Depuis longtemps, du riant Tour de France,
J'ai délaissé les sentiers vertueux,
Doux souvenirs, charmes de l'existence,
Pensant à vous, je vis, je suis heureux.

Adieu, cités chéries,
Siéges du beau Devoir,
Je vous ai fréquentées au printemps de ma vie;
J'ai quitté ces villes jolies,
Leur disant au revoir.

En visitant cette riche contrée,
Bien jeune encor, modeste voyageur,
Sous le ciel bleu de ma France adorée
Je n'ai trouvé partout que le bonheur.

Adieu, cités chéries, etc.

J'ai parcouru tes forêts et tes plaines,
J'ai visité tes monuments épars,
J'ai vu Paris la ville souveraine,
Nommée partout le berceau des arts.

Adieu, cités chéries, etc.

Je n'ai qu'un vœu, c'est celui de vous plaire,
Chers Compagnons, courageux travailleurs,
Du beau Devoir défenseurs tutélaires,
Vous connaissez mon amour et mon cœur.

Adieu cités chéries, etc.

Du Tour de France, ami du prolétaire,
Suivant toujours la route du progrès,
L'*Enfant Chéri*, votre ami, votre frère,
Vous offre encor ces modestes couplets.

Adieu, cités chéries,
Siéges du beau Devoir,
Je vous ai fréquentées au printemps de ma vie;
J'ai quitté ces villes jolies,
Leur disant au revoir.

LA GOURDE FRATERNELLE

AIR : *Les cinq étages.*

Quel doux plaisir de voyager,
Joyeux enfants du Tour de France,
On peut, sans crainte et sans danger,
Lier promptement connaissance;
Car aujourd'hui quel changement,
Bien loin de se chercher querelle,
Nous voyons chaque *Devoirant*
Boire à la gourde fraternelle. *bis.*

Qu'on se rencontre en voyageant,
On ne dit plus passez au large;
De ces propos trop outrageants
Nous ne subirons plus la charge.
Pour s'aider dans l'adversité,
Travailleurs, redoublons de zèle,
Buvons à la sincérité,
Vidons la gourde fraternelle. *bis.*

Du vieux temps, triste souvenir,
Lorsqu'on se mettait en voyage,
Il fallait, avant de partir,
Prendre à deux mains tout son courage;

Heureusement ce temps n'est plus,
Du Devoir brille l'étincelle.
Au détriment des vieux abus
Vidons la gourde fraternelle. *bis*.

Invoquons le Dieu créateur,
Pour l'union Compagnonnique :
Grâce à ce divin protecteur,
Nous deviendrons plus pacifiques.
Compagnons de tous les Devoirs,
A votre alliance immortelle,
Accourez ici, tous les soirs,
Vider la gourde fraternelle. *bis*.

L'auteur, jaloux d'un beau succès,
Réclame ici votre indulgence,
L'*Enfant Chéri* marche au progrès,
Il aime aussi la bienfaisance ;
C'est à vous, frères sectateurs,
A vos Devoirs d'être fidèles,
Afin qu'un jour nos successeurs
Vident la gourde fraternelle. *bis*.

LA VOIX DE L'ORPHELIN

AIR : *Plaignez, hélas! la veuve du marin*,

ou : *Vive Paris*.

Vieux sectateurs du beau Compagnonnage,
Pensez à nous, puis à notre avenir,
Vous qui suivez les lois de l'homme sage,
Faites qu'un jour nous puissions vous bénir.
Pour le Devoir nous subissons vos haines,
Ouvrez les yeux, devenez plus humains,
Pourquoi vouloir alimenter nos peines,
Laissez en paix de pauvres orphelins. *bis*.

Fier de porter un nom qui fait envie,
Jaloux aussi de porter des couleurs,
Un Compagnon, sans craindre pour sa vie,
De son secret nous fit les possesseurs.
Du renégat vous blâmez l'inconstance,
Nous comprenons vos pénibles dédains,
Il a comblé notre chère espérance,
Mais il a fait de pauvres orphelins. *bis*.

Sans protecteurs, errant sur cette terre,
Nous avons su prospérer et grandir,

Du beau Devoir connaissant le mystère,
Nous avons dit : nos malheurs vont finir;
Mais depuis lors, trompés dans notre attente,
Nous ne trouvons que des cœurs inhumains;
Que nous sert-il, pour nous qu'on parlemente,
Vous négligez de pauvres orphelins. *bis.*

Depuis ce jour, notre Compagnonnage
Irrita bien des ligueurs contre nous.
Grâce au progrès, nous n'aurons plus d'orage,
Avec le temps nous deviendrons plus doux.
Oui, désormais, sur le beau Tour de France,
Tous les Devoirs se donneront la main,
Et l'amitié qui fait notre espérance
N'oubliera pas de pauvres orphelins. *bis.*

Chers Compagnons des vieux corps qu'on révère,
De l'union nous aimons les succès.
Depuis longtemps sous sa noble bannière,
Vous le voyez, nous marchons au progrès.
Fraternité, accours, je t'en supplie,
Viens parmi nous adoucir nos chagrins,
Dissipe enfin notre mélancolie,
Viens consoler de pauvres orphelins. *bis.*

Laissons au temps les soins de notre cause,
Elle est sacrée et sainte en même temps,
Nous invoquons de ce Dieu qui dispose,
Pour l'avenir de plus heureux moments.
Ouvrez les yeux, voyez notre attitude,
Vous soutiendrez nos vœux et nos desseins;
L'*Enfant Chéri* dans cette certitude,
Vous remercie, au nom des orphelins. *bis.*

DÉDIÉ A MON AMI J.-B. ENTRAYGUES

DIT LIMOUSIN BON COURAGE

AIR : *Le général Tom-Pouce.*

Amis, dans ces couplets,
Je veux d'un frère intime
Célébrer les attraits,
Car il a notre estime.
Chaleureux zélateur
De son Compagnonnage
Pays, chantons en chœur
Limousin bon courage. } *bis.*

Partisan de la paix,
Il déteste l'injure ;
Nous ne pourrons jamais
Dire qu'il fut parjure.
Illustre sectateur
De Perdiguier le sage
Pays, chantons en chœur } *bis.*
Limousin Bon courage.

Nous le verrons toujours,
Enfants du Tour de France,
Nous prêter son concours,
Combler notre espérance.
Plein d'une noble ardeur
L'honneur fut son partage.
Pays, chantons en chœur } *bis.*
Limousin Bon courage.

Nous savons qu'à Bordeaux,
Ce Compagnon fidèle,
Pour soulager nos maux
Fit preuve d'un grand zèle.
De son généreux cœur
Nous connaissons l'usage.
Pays, chantons en chœur } *bis.*
Limousin Bon courage.

Sous la foi du serment,
Aimé de tous ses frères,
Il suivit constamment
La route de nos pères.
Ardent innovateur
Accepte notre hommage.
Pays, chantons en chœur } *bis.*
Limousin Bon courage.

L'auteur de ces couplets
Chante encor pour vous plaire :
L'*Enfant Chéri* jamais
N'abandonne ses frères.
Pour lui c'est un bonheur
Que souvent il propage.
Pays, chantons en chœur } *bis.*
Limousin Bon Courage.

A MON FILS

MES INSIGNES COMPAGNONNIQUES

Air : *Vive Paris.*

Tranquille, assis près de l'âtre qui brille,
D'un rude hiver affrontant les rigueurs,
Seul, près d'un fils, son unique famille,
Un Compagnon contemplait ses couleurs.
— Vois, disait-il, ce brillant apanage,
Doux résultat de mon unique espoir,
Du Fondateur noble et saint héritage,
Gage sacré des enfants du Devoir. *bis.*

Pendant longtemps sur le beau Tour de France,
Je les portais gravement sur mon cœur,
J'ai combattu l'ignoble médisance,
J'ai converti l'ignorance et l'erreur.
Guidé parfois d'un amour indicible,
Des beaux Devoirs je chante l'unité,
Je chante aussi le Compagnon paisible,
Fidèle ami de la Fraternité. *bis.*

Il dit encore à son fils qui l'écoute,
Regarde bien ce signe de l'honneur,
Symbole heureux qui conduit à ta route
De la vertu comme à celle du cœur.
Comme ton père, enfant, je te convie
D'être fidèle aux lois que nous suivons,
Afin qu'un jour, au banquet de la vie,
Tu sois placé au rang des Compagnons. *bis.*

Simple artisan, je suis sans opulence,
Mais, dans mon cœur, je possède un trésor;
Puis, comme moi, faisant ton Tour de France,
Que la sagesse, ami, soit ton Mentor;
Je ne crains pas chez toi l'ingratitude,
De ton bon cœur je connais le timon.
Tu reviendras, j'en ai la certitude,
Avec le titre heureux de Compagnon. *bis.*

Accepte, enfin, ces insignes sans tache,
Présage heureux d'un brillant avenir,
Pour ton bonheur, ami, je m'en détache,
Conserve bien ce précieux souvenir.
Si, quelque jour, parcourant ta carrière,
L'humanité réclamait tes faveurs,
Songe surtout aux conseils de ton père,
Rappelle-toi sa canne et ses couleurs. *bis.*

Du médisant les propos satyriques
De mes accents n'arrêtent point le cours.
Pour mon devoir et malgré les critiques,
Mes chers pays, je chanterai toujours ;
L'*Enfant Chéri*, faisant son Tour de France,
Vous a chanté la concorde et la paix ;
Il chante encor dans la douce espérance
De réunir les amis du progrès. *bis.*

L'UNION DES DEVOIRS

AIR : *Tant qu'il reste une goutte encore.*

Plus de propos provocateurs,
Anéantissons la discorde,
Je viens vous prêcher la concorde,
Compagnons de tous Fondateurs;
N'ayons plus de rivalité,
Soyons dignes de nos mystères,
Soyons de la moralité
Les plus fidèles mandataires. (*bis* : mandataires.)

REFRAIN.

Joyeux enfants du Tour de France,
Des Devoirs chantons l'unité;
Frères, comblez mon espérance,
Buvons à la fraternité.

Soyons sans haine et sans dédain
En parcourant notre patrie,
Heureux enfants de l'industrie,
Au besoin prêtons-nous la main :
Chantons tous avec Perdiguier
La devise du Tour de France,
Honneur et gloire à l'ouvrier!
Vive à jamais la tolérance! (*bis*: la tolérance!)

Joyeux enfants, etc.

N'ayons plus d'animosité,
Plus de ces luttes sanguinaires:
Soutenons-nous, vivons en frères,
Par nos bienfaits soyons cités.
Puisque nous touchons au grand jour,
Compagnons, voyez comme il brille,
Des Devoirs célébrons l'amour,
Ne formons plus qu'une famille. (*bis:* qu'une famille)

Joyeux enfants, etc.

Ne formons donc plus qu'un faisceau,
Que la paix nous serve d'égide,
Que l'amitié soit notre guide,
Marchons sous un même drapeau.
Pour arriver à l'union
Suivons les lois de l'homme sage,
Lisons avec attention
Le livre du Compagnonnage. (*bis* : Compagnonnage)

Joyeux enfants, etc.

Au Devoir, ainsi qu'à mes vœux,
J'ai fait serment d'être fidèle ;
Quand parmi vous l'amour m'appelle,
Compagnons que je suis heureux.
Suivez la marche du progrès,
Vieux amis, que je considère,
Recevez encore ces couplets
De l'*Enfant Chéri*, votre frère. (*bis:* votre frère).

Joyeux enfants, etc.

L'AUTEL DE LA FRATERNITÉ

AIR : *Par des chansons ma mère m'a bercé.*

Puisqu'à l'autel de la fraternité
Nous voici tous, Compagnons de la France,
Pour l'union, puissante déité,
Formons des vœux, comblez mon espérance.
Chers Compagnons, jurons sur cet autel
De nous aimer d'un amour fraternel. *bis.*

Que l'union nous rassemble à jamais,
Par elle, amis, nous chérirons la vie,
Par elle encor nous irons au progrès,
C'est un bonheur que l'homme sage envie.
Chers Compagnons, jurons sur cet autel
De nous aimer d'un amour fraternel. *bis.*

Jurons ici, jurons sur notre honneur,
De nous aider, de nous chérir en frères;
Jurons aussi de pardonner l'erreur
Du mécréant qui rit de nos mystères.
Chers Compagnons, jurons sur cet autel
De nous aimer d'un amour fraternel. *bis.*

Soyons amis, plus de rivalité,
De nos Devoirs qu'importe la nuance,
Ne recherchons jamais que l'équité,
Et qu'entre nous règne la tolérance.
Chers Compagnons, jurons sur cet autel
De nous aimer d'un amour fraternel. *bis.*

Plus de dédain, plus de propos menteurs,
Que parmi nous la gaîté règne et brille,
De l'union savourons les douceurs,
Ne formons plus qu'une même famille.
Chers Compagnons, jurons sur cet autel
De nous aimer d'un amour fraternel. *bis.*

J'aime à chanter la fille de Thémis,
De l'union j'aime à chanter la gloire,
Du beau Devoir je chante les amis,
Et du progrès j'ai chanté la victoire.
Chers Compagnons, jurons sur cet autel
De nous aimer d'un amour fraternel. *bis.*

Dieu tout puissant, exauce mes projets !
Fais qu'en ce jour chaque corps se rallie
Sous les rameaux de l'arbre de la paix.
Signons, enfants, un pacte qui nous lie.
Chers Compagnons, jurons sur cet autel
De nous aimer d'un amour fraternel. *bis.*

L'*Enfant Chéri*, protégé des neuf Sœurs,
Vient parmi vous prêcher la tolérance,
De son Devoir il chante les grandeurs.
Imitez-le, Compagnons de la France.
Chers Compagnons, jurons sur cet autel
De nous aimer d'un amour fraternel. *bis.*

PLUS DE BATON DE LONGUEUR

AIR : *Le Forçat libéré.*

Puisque la paix, frères du Tour de France,
Vient d'établir son domaine chez nous,
Des corps d'état célébrons l'alliance,
Soyons heureux d'un bonheur aussi doux.
D'un sujet neuf, Compagnons que j'honore,
J'augmente, ici, l'illustre *Innovateur*.
Je viens parler du bâton de longueur,
C'est un abus qu'il faut détruire encore.

De l'amitié savourons les douceurs,
Laissons en paix nos bâtons de longueur. *bis.*

De ce bâtons que j'abhore et déteste,
Que l'amitié doit bannir à jamais,
Joyeux enfants, je le dis sans conteste,
C'est un fléau peu digne du progrès;
Réformons-le d'un accord indicible,
Ne craignons plus d'ennemis sur le Tour,
Puisque nos cœurs sont liés par l'amour,
Suivez les vœux d'un Compagnon paisible.

De l'amitié savourons les douceurs,
Laissons en paix nos bâtons de longueur. *bis.*

Je me souviens de ces luttes sanglantes,
Car jeune alors je parcourais les champs.
Je me souviens de ces lames tranchantes,
De ces propos mauvais et discordants;
De l'oppresseur pardonnant l'ignorance,
De l'opprimé j'étais le défenseur;
Du beau Devoir, chaleureux sectateur,
Je prêche encor la paix du Tour de France.

De l'amitié savourons les douceurs,
Laissons en paix nos bâtons de longueur. *bis.*

Ne portez plus ces triques gigantesques,
Triste décor, le progrès n'en veut plus;
Ne chantez plus de ces couplets grotesques.
L'homme sensé repousse ces abus.
Si vous suivez mes conseils, je l'espère,
Présage heureux d'un délirant bonheur.
L'*Enfant Chéri* vient en réformateur
Vous assurer d'un avenir prospère.

De l'amitié savourons les douceurs,
Laissons en paix nos bâtons de longueur. *bis.*

NOTRE MÈRE N'EST PLUS

AIR : *Le Fils vendu.*

Prenons le deuil, Compagnons de la France.
Et que vers Dieu s'exhalent nos soupirs.
Gais ménestrels, qui chantez la romance,
Pour quelque temps suspendez vos plaisirs.
Muse d'amour qui m'enivre et m'inspire
Viens partager mes regrets superflus.

Car aujourd'hui je chante sur ma lyre,
Des Compagnons la Mère qui n'est plus. *bis.*

Je vais chanter cette femme si bonne,
Des boulangers Mère depuis longtemps,
Je vais chanter cette aimable personne
Qui fut toujours fidèle aux *Devoirants.*
Frères chéris de la belle Touraine
Chacun de vous connaissait ses vertus;
Du Tour de France elle était la doyenne,
Chers Compagnons, notre Mère n'est plus. *bis.*

Deux fois vingt ans elle fut notre Mère,
C'était pour nous l'ange consolateur,
Du malheureux soulageant la misère,
La charité faisait battre son cœur;
Douée, enfin, d'un caractère aimable,
De son amour chacun était confus.
Ses qualités la rendaient adorable,
Chers Compagnons, notre Mère n'est plus. *bis.*

Combien de fois, témoins de son courage.
Nous l'avons vue, puissante déité.
Nous l'avons vue pacifier l'orage
Par ses conseils et son humanité.
Faire le bien était sa seule envie,
Tous noirs défauts chez elle étaient exclus.
Elle a payé sa dette à la patrie,
Chers Compagnons, notre Mère n'est plus. *bis.*

Dans tous les temps, elle fut notre intime.
Car son amour nous la faisait chérir;
Elle est partie emportant notre estime.
De ses bienfaits gardons le souvenir.
Mère Jacob, qu'ici-bas chacun pleure,
Contemple-nous du séjour des élus.
Repose en paix dans ta sombre demeure.
Car nous prions pour celle qui n'est plus. *bis.*

Son souvenir, frères du Tour de France.
Laisse en nos cœurs d'ineffables regrets:
Elle aimait tant la paix, la tolérance.
Qu'à son amour je dédie ces couplets.
L'*Enfant Chéri*, fidèle à sa mémoire.
Dans tous les temps célébra ses vertus:
Nous lui devons place dans notre histoire.
Chers Compagnons, notre mère n'est plus. *bis.*

L'ANNIVERSAIRE DU 16 MAI

AIR : *Notre vaisseau.*

Du Seize Mai, voici l'anniversaire,
Accourez tous, Boulangers du Devoir,
Venez fêter cet Ami du Mystère,
Saint Honoré, ce Père du Savoir.
De cet anniversaire,
Célébrons le retour;
Chantons, chers Compagnons, ce protecteur sincère;
Abritons-nous sous sa bannière;
Car c'est là qu'est l'amour.

Chantons, enfants, ce jour plein d'allégresse
Qui nous transporte au faîte du bonheur,
Du saint patron, célébrons la sagesse,
Sans oublier les bontés de son cœur.
De cet anniversaire, etc.

Sur son front pur brille un reflet candide,
Emblême heureux du séjour des élus,
Divin pasteur, ton amour qui nous guide
Doit nous conduire au temple des vertus.
De cet anniversaire, etc.

Inspirons-nous de ses maximes sages,
Si nous voulons désormais être heureux;
Car l'union de nos Compagnonnages
Dépend de nous, soyons moins vaniteux.
De cet anniversaire, etc.

Portons un toast à sa gloire immortelle,
Rendons hommage à sa célébrité.
L'*Enfant Chéri* de l'antique Rochelle
Chante toujours à la fraternité.
De cet anniversaire, etc.

NOS FRÈRES DE PARIS

AIR : *Du Dieu des bonnes gens.*

Naguère, amis, j'ai chanté la Touraine,
La paix, l'amour, ma canne et mes couleurs;
De l'union, j'ai chanté le domaine;
Du beau Devoir, j'ai chanté les grandeurs :

Vous voyez tous qu'un beau jour vient d'éclore.
Chers Compagnons, malgré mes noirs soucis,

Je chanterai sur ma lyre sonore
Nos Frères de Paris. *bis.*

Vieux Compagnons, chez nous plus de discorde,
Car l'amitié règne dans tous les cœurs,
Voici venir l'amour et la concorde,
Du temps passé pardonnons les erreurs.
Frères chéris que partout on acclame,
De la vertu vous obtiendrez le prix,

Car sur le Tour chacun de nous proclame
Nos Frères de Paris. *bis.*

C'est à Paris que règne la science,
Joyeux enfants, c'est là qu'est le bonheur,
Vous qui suivez le riant Tour de France,
N'oubliez pas ce séjour enchanteur;
Songez qu'au sein de l'antique Lutèce
Tous les Devoirs par l'amour sont unis;

Gais troubadours, chantons, chantons sans cesse.
Nos Frères de Paris. *bis.*

Dignes soutiens de notre grand mystère,
Par vos bienfaits vous comblez mon espoir:
Soyez heureux, vous que je considère,
Vous méritez des Enfants du Savoir.
Par vos doux soins, le beau Compagnonnage
Ne formera qu'une secte d'amis,

Et sur le Tour on chantera, je gage,
Nos Frères de Paris. *bis.*

Jeunes élus du beau Compagnonnage,
Ne fuyez pas la route de l'honneur,
N'oubliez pas les lois de l'homme sage,
Si vous voulez connaître le bonheur.
L'Enfant Chéri, soutien du grand mystère,
En terminant ces couplets inédits,

Vous dit: suivez l'exemple de nos Frères,
Nos Frères de Paris. *bis.*

SAINT HONORÉ

AIR: *Le Général Tom-Pouce.*

Compagnons du Devoir,
Ce repas délectable
Nous réunit, ce soir,
Au tour de cette table.

Sur mon luth adoré,
Chantez, je vous engage
Chantons Saint Honoré, *bis.*
Saint Honoré le sage.

Ce divin protecteur
Mérite notre estime,
Célébrons sa grandeur
D'une voix unanime.
De tout temps révéré
Du beau Compagnonnage
Chantons Saint Honoré, *bis.*
Saint Honoré le sage.

Ce Mentor généreux
Nous guide à l'espérance,
Par lui soyons heureux
Sur le beau Tour de France.
Sous un ciel azuré
Ne craignant plus d'orage,
Chantons Saint Honoré, *bis.*
Saint Honoré le sage.

La route du progrès
Par nous sera suivie,
Et par lui, désormais,
Nous chérirons la vie.
Sous un ciel azuré
Nous aurons l'avantage,
Chantons Saint Honoré, *bis.*
Saint Honoré le sage.

Toujours resplendissant
D'une sainte auréole,
De son concours puissant
Il guérit, il console.
Esprit prématuré,
L'amour fut son partage,
Chantons Saint Honoré, *bis.*
Saint Honoré le sage.

Terminons ce grand jour
Par des chants d'allégresse,
Et qu'ici tour à tour
Nos voix enchanteresses,
De ce saint vénéré
Chantent toujours l'image
Chantons Saint Honoré, *bis.*
Saint Honoré le sage.

Frères, l'*Enfant Chéri*
De l'antique Rochelle, *bis.*
D'un morceau favori
Vous donne la nouvelle ;
D'un transport modéré
Acceptez son hommage, *bis.*
Chantons Saint Honoré,
Saint Honoré le sage.

FRATERNITÉ

Air : *J'irai revoir mon père.*

Nous vivons tous au siècle des lumières,
Par le progrès plus de rivalité,
Car aujourd'hui nous nous voyons en Frères;
Rien n'est plus beau que la fraternité.
N'avons plus de prépondérance,
Que l'amitié rassemble nos couleurs;
Chantons Compagnons de la France
Ce doux refrain qui fait battre nos cœurs *bis.*

Fraternité, sous ton égide sainte,
Tous les Devoirs se visitent sans crainte
Chacun accourt aux échos de ta voix.
Car on est fier de vivre sous tes lois.

Puisqu'en ton nom, la muse qui m'inspire
M'engage encore à t'offrir ces couplets,
Fraternité, je consacre ma lyre
A célébrer tes immenses bienfaits.
En se rangeant sous ta bannière.
L'homme est certain de trouver un abri ;
Car, de l'opprimé sur la terre,
Tu fus toujours le plus solide appui. *bis.*

Fraternité, etc.

Dans le malheur tu donnes du courage,
Fraternité, nous aimons tes douceurs :
Tu vivifies le beau Compagnonnage,
Tu combles aussi le vœu des fondateurs :
Tu viens, par ta douce harmonie,
De nos Devoirs accomplir l'unité.
Et par tes soins, la zizanie
Fait dans nos cœurs place à l'humanité. *bis.*

Fraternité, etc.

Unissons-nous et faisons disparaître
Tous ces propos provoqués par l'erreur ;
Frères, chez nous l'amitié doit renaître,
Car sans amour il n'est pas de bonheur ;
Oublions ces temps de discorde,
Vivons en paix, cessons d'être inhumains,
Et par les liens de la concorde,
En bons amis, nous nous tendrons la main. *bis.*

Fraternité, etc.

Recevez donc, Compagnons que j'estime,
Ces faibles vers inspirés par l'amour ;
L'*Enfant Chéri*, votre ami, votre intime,
De l'union chante enfin le retour.
Puisque l'amitié nous assemble,
Portons, ce soir, un toast à ses bienfaits ;
Soyons heureux de notre ensemble,
Car l'avenir est à nous désormais. *bis.*

Fraternité, etc.

BUVONS A L'ALLIANCE

AIR : *Partant pour la Syrie.*

Puisqu'aujourd'hui, chers frères,
Nos Devoirs sont unis,
Vidons gaîment nos verres,
Soyons toujours amis.
Sous le beau ciel de France
Chacun se dit : buvons,
Buvons à l'alliance
De tous nos Compagnons. *bis.*

Quand la paix, la concorde
Règnent dans tous les cœurs,
Bannissons la discorde,
Source de nos malheurs.
Enfants du Tour de France,
Plus de dissentions,
Buvons à l'alliance
De tous nos Compagnons. *bis.*

Sous la noble bannière
De la fraternité
Nous trouverons, j'espère,
Bonheur et loyauté.

Bravant la médisance,
Ensemble nous dirons :
Buvons à l'alliance
De tous nos Compagnons. *bis.*

Vidons encor nos verres,
A nos grands fondateurs;
Buvons à nos mystères,
Marions nos couleurs.
Dans cette ardeur immense,
Quel bien nous ressentons;
Buvons à l'alliance
De tous nos Compagnons. *bis.*

A l'union si belle,
Jurons fidélité;
A sa gloire immortelle
Portons une santé.
Cette ère qui commence
Vient dérider nos fronts;
Buvons à l'alliance
De tous nos Compagnons. *bis.*

Soyons sans artifice
Dans notre intimité,
Pratiquons la justice,
L'amour, la charité,
Avec la tolérance,
Quel bonheur nous goûtons.
Buvons à l'alliance
De tous nos Compagnons. *bis.*

L'*Enfant Chéri*, chers Frères,
Vous offre ces couplets;
Délivré de nos guerres,
Il proclame la paix.
C'est dans cette espérance
Qu'il dit dans ses chansons :
Buvons à l'alliance
De tous nos Compagnons. *bis.*

———

HOMMAGE
AUX POÈTES DE TOUS LES DEVOIRS

AIR : *Le Ménétrier de Meudon.*

Célébrons, dans nos fêtes
Ces hommes du Savoir,
Ces dignes interprètes
De notre beau Devoir :
Eternisons leur gloire
Par nos liens fraternels :
Buvons à leur mémoire,
A leurs chants immortels.

Chantons tous, joyeux Compagnons,
Ces gais refrains de nos chansons;
Chantons tous, joyeux Compagnons, } *bis.*
Ces poètes que nous aimons.

Auteurs scientifiques,
Chantres de tous les corps,
Vos chants compagnonniques
Excitent nos transports.
Sur vos lyres vibrantes
Modulez vos couplets,
Vos rimes sont charmantes,
Vos vers sont pleins d'attraits.
Chantons tous, etc.

De nos premiers poètes
Les chants provocateurs
Ne sont plus de nos fêtes,
Nous devenons meilleurs;
Plus de sanglante arène,
L'humanité grandit,
La discorde et la haine
N'ont plus aucun crédit.
Chantons tous, etc.

Poètes, sans relâche,
Chantez la fusion;
Joignez à votre tâche
La paix et l'union.
Puisque la poésie
Vient captiver vos cœurs,
De la pure ambroisie
Savourez les douceurs.
Chantons tous, etc.

Acceptez notre hommage,
Favoris des Neuf Sœurs ;
Votre but noble et sage
Mérite nos faveurs ;
Ravivez l'harmonie,
En hommes du progrès,
Chassez la zizanie
Par vos divers couplets.

Chantons tous, etc.

Vous qui voulez connaître
Ces chantres ouvriers,
Ouvrez avec bien-être
Le livre à Perdiguier ;
Car par ses soins intimes
Vous y verrez leurs noms,
Vous lirez les maximes
De leurs saines chansons.

Chantons tous, etc.

Vouant mon existence
Aux Muses des chansons,
J'ai la douce espérance
De plaire aux Compagnons :
Dans cette heureuse attente,
Secondez mes efforts,
Car l'*Enfant Chéri* chante,
Chante pour tous les corps.

Chantons tous, etc.

INCLINONS-NOUS

AIR : *Agenoux devant les Pochards.*

Compagnons du beau Tour de France
Resserrons nos nœuds fraternels ;
A la paix comme à l'alliance,
Elevons des chants immortels ;
Soyons dignes de nos mystères.
De mes projets comblez l'espoir,
Soutenons-nous comme des frères.
Inclinons-nous, c'est le Devoir. *bis.*

De Salomon, Jacques et Soubise,
Nous qui suivons les douces lois,
Que la paix soit notre devise,
Avançons d'exploits en exploits,

Pour être heureux, nous les adeptes
Des prototypes du Savoir,
Suivons constamment leurs préceptes,
Inclinons-nous : c'est le Devoir. *bis.*

Aimons-nous les uns et les autres,
Goûtons à jamais ce bonheur ;
De ce dicton soyons apôtres,
C'est la devise du Sauveur.
Cimentons le nœud qui nous lie,
Soyons bons sans nous prévaloir.
Vivons en parfaite harmonie,
Inclinons-nous : c'est le Devoir. *bis.*

Que l'amitié, que la concorde,
Tour à tour règnent dans nos cœurs ;
Anéantissons la discorde,
Unissons-nous, gais travailleurs.
Puisqu'aujourd'hui la divergence
Ne fait plus notre désespoir ;
Aimons toujours la bienfaisance,
Inclinons-nous : c'est le Devoir. *bis.*

Ne méprisons que l'injustice,
Défions-nous de l'imposteur;
Faire le bien sans artifice,
C'est un baume consolateur ;
Avec l'esprit de tolérance,
Nous ne verrons plus tout en noir.
Soulageons toujours la souffrance
Inclinons-nous : c'est le Devoir. *bis.*

Frères de tous Compagnonnages,
Par notre accord plus de malheurs :
Inspirons-nous des lois si sages
De nos trois dignes fondateurs,
Pour chasser la haine et l'envie
Mettons y tout notre pouvoir.
Qui nous fait donc chérir la vie ?
Inclinons-nous : c'est le Devoir. *bis.*

Chérissons-nous sur cette terre
Et répandons la charité.
De l'*Enfant Chéri*, votre frère,
Exaucez la félicité.
Si nous fraternisons ensemble,
Si l'amour nous unit ce soir,
Et si le progrès nous assemble,
Inclinons-nous : c'est le Devoir. *bis.*

L'UNITÉ COMPAGNONNIQUE

AIR : *L'autre jour je fus transporté.*

Amis, je vais chanter ce soir
Un chant philanthropique,
Un chant tout pacifique
Tracé pour l'honneur du Devoir.
Ainsi mes frères,
Plus de ces guerres
Qui désolaient jadis les prolétaires.
Oublions les temps d'autrefois,
De nos pères suivons les lois,
Et du progrès proclamons les exploits.

Compagnons de la France,
Qu'importe la nuance,
De nos Devoirs célébrons l'alliance.

De tous les corps, joyeux enfants
Que l'amitié rassemble,
Fraternisons ensemble;
Plus de ces désordres sanglants:
Pour la concorde,
Que l'on s'accorde,
Foulons aux pieds l'hydre de la discorde.
Par l'union plus de chagrin,
Nous pouvons nous donner la main
Et répéter ensemble ce refrain:

Compagnons, etc.

Venez à nous gais travailleurs,
Vous, frères du mystère,
De l'union si chère
Nous partagerons les douceurs.
Sans artifice,
Avec justice.
Des zélateurs venez grossir la lice,
Ne soyez plus récalcitrants;
Sachez que tout bon Devoirant
Doit sans retard se mettre sur les rangs

Compagnons, etc.

Buvons à la prospérité
Du beau Compagnonnage,
Et sachons rendre hommage
A la douce fraternité.
Sous sa bannière,
L'homme sincère

Sera certain d'un abri tutélaire.
Amis fêtons cet heureux jour
Qui nous unit d'un tendre amour,
Et répétons ce refrain tour à tour :

Compagnons, etc.

Acceptez encor ces couplets,
Vous qui daignez m'entendre,
Vous dont le cœur est tendre.
Venez partager mes projets.
Dans cette attente,
L'âme contente,
Encouragez l'*Enfant Chéri* qui chante,
Qui chante pour l'humanité ;
En attendant notre unité;
Portons un toast à la fraternité.

Compagnons, etc.

COUPLETS DE CIRCONSTANCE

POUR UN DINER DE RÉCEPTION

AIR : *du Forçat libéré.*

Frères, ce soir l'amitié me convoque
A partager vos joies et vos plaisirs ;
Nouveaux élus, je viens sans équivoque
Vous témoigner l'objet de mes désirs;
Comportez-vous en sages néophites,
N'oubliez pas nos suprêmes leçons ;
Pour illustrer vos noms de Compagnons
Restez soumis à nos lois à nos rites;

Puisque le sort a comblé votre espoir.
Soyez soumis aux règles du Devoir. *bis.*

Quand vous étiez désireux de connaître
Du beau Devoir quelle était la grandeur,
Vous vous disiez : un jour viendra peut-être
Où nous pourrons goûter ce doux bonheur ;
Vous convoitiez nos brillants insignes,
Quand sur vos fronts la main d'un Devoirant
Vous dit : enfant cessez d'être aspirant;
Car de nos vœux vous n'êtes pas indignes.

Puisque le sort a comblé votre espoir
Soyez soumis aux règles du Devoir. *bis.*

De ce beau jour qui charme l'existence
N'oubliez pas vos serments solennels,
N'oubliez pas en parcourant la France
De propager vos bienfaits fraternels;
Car maintenant vous n'êtes plus vos maîtres:
Vous vous devez à l'amour du prochain.
Faisant le bien sans haine et sans dédain
Vous obtiendrez la palme du bien-être.

Puisque le sort a comblé votre espoir, *bis.*
Soyez soumis aux règles du Devoir.

Vous partirez le cœur plein de courage,
Fiers de porter la canne et les couleurs;
Vous vieillirez dans le Compagnonnage,
Aimés, chéris de tous nos successeurs;
De l'union savourant les délices,
Vous n'aurez plus à craindre d'ennemis;
Car aujourd'hui tous les corps sont unis
D'une amitié exempte d'artifices.

Puisque le sort a comblé votre espoir, *bis.*
Soyez soumis aux règles du Devoir.

En parcourant cette noble carrière,
Que le Devoir vous trace désormais,
Attirez-vous l'estime populaire
Par vos talents, par vos dignes bienfaits.
L'*Enfant Chéri*, dans ces couplets intimes,
Voudrait ici que chacun soit heureux;
Pour parvenir à combler tous ses vœux
Du Fondateur pratiquez les maximes.

Puisque le sort a comblé votre espoir *bis.*
Soyez soumis aux règles du Devoir.

LE DÉPART DES COMPAGNONS

Air : *De la Marseillaise.*

Allons amis de la concorde,
Voici le printemps de retour,
Partez sans craindre la discorde.
Car la paix règne sur le Tour. *bis.*
Joyeux enfants, la route est belle,
Tout croît, tout fleurit dans les champs,
Allez acquérir des talents;
Car au loin le travail vous appelle.
Allons, chers Compagnons, profitons du beau temps,
Partons, partons et célébrons le retour du printemps.

Rouleurs déployez vos bannières,
Symbole de fraternité,
Suivez le sentier des lumières
Qui conduit à la charité. *bis.*
Chanteurs, dans un joyeux délire,
Amis des arts et du progrès,
Chantez vos chaleureux couplets,
Chantez, le printemps vous inspire.

Allons, chers Compagnons, profitons du beau temps,
Partons, partons et célébrons le retour du printemps.

Par trois fois, saluez vos frères,
Vous qui partez le cœur content;
Sur vos pas, vaillants prolétaires,
L'amitié veille à chaque instant. *bis.*
En quittant ce champ de conduite
Où tout rappelle vos bienfaits,
De vos frères pleins de regrets
Remarquez l'imposante suite.

Allons, chers Compagnons, profitons du beau temps;
Partons, partons et célébrons le retour du printemps.

Portez à la cité voisine
Le baiser de paix fraternel;
Car chez nous l'esprit qui domine
Est immuable et fraternel. *bis.*
Quand tout renaît à l'espérance,
Compagnons redoublez d'ardeur;
Prêchez au peuble travailleur
Là paix, l'amour et la tolérance.

Allons, chers Compagnons, profitons du beau temps,
Partons, partons et célébrons le retour du printemps.

En parcourant cette carrière
Que vous impose le Devoir,
Répandez le bien populaire,
Soyez bons sans vous prévaloir. *bis.*
Loin de vous repoussez l'envie,
Vivez pour la fraternité;
Ne pratiquez que l'équité
Afin d'être heureux dans la vie.

Allons chers Compagnons, profitons du beau temps;
Partons, partons et célébrons le retour du printemps.

Recevez ces couplets, chers Frères,
De Rochelais, l'*Enfant Chéri*,
Rendez-vous à ses vœux sincères;
Car l'amour doit régner ici. *bis.*

Puis, quand un jour, du Tour de France
Vous aurez quitté les sentiers,
De tous vos frères ouvriers
Gardez bien douce souvenance.

Allons, chers Compagnons, profitons du beau temps,
Partons, partons et célébrons le retour du printemps.

ADIEU CHANSONS

AIR : *Laissez les roses aux rosiers.*

Enfants, ma muse est épuisée,
Apollon ne m'inspire plus,
Et ma lyre, à demi-brisée,
Rend des sons tristes et confus.
Dans cette attitude critique,
Je vous le dis, gais Compagnons, *bis.*
J'ai mis de côté la musique
Et j'abandonne les chansons,
Et j'abandonne les chansons. *bis.*

J'ai chanté le beau Tour de France,
J'ai chanté sur bien des sujets,
J'ai chanté sans indifférence :
L'amour, la concorde et la paix.
Maintenant, c'est une autre affaire,
Vous en conviendrez, Compagnons, *bis.*
Que du repos soit nécessaire
A celui qui fait des chansons,
A celui qui fait des chansons. *bis.*

Du Permesse suivant la trace,
Humble et modeste chansonnier,
Je n'ai pu gravir le Parnasse,
Tant rapide était le sentier.
Enfin, telle est ma destinée,
Vous le voyez, chers Compagnons, *bis.*
Puisque mon œuvre est terminée,
Je dois vous dire adieu chansons,
Je dois vous dire adieu chansons. *bis.*

A NOTRE BONNE MÈRE JACOB

POÉSIE

Frères, c'est aujourd'hui que sur mon luth sonore,
Pour l'honneur du Devoir, je viens chanter encore;
Je vais en Compagnon véridique et confus,
Vous chanter les bienfaits de celle qui n'est plus.
Célébrer ses vertus, son amour, son courage;
Puis, à son noble cœur, rendre un fidèle hommage.
Muse que je chéris, prête-moi ton concours
Pour chanter dignement notre Mère de Tours.

Bonne Mère Jacob, je viens à ta mémoire
Consacrer mes moments, éterniser ta gloire;
Je viens, gai troubadour, fidèle narrateur,
Publier à loisir les bontés de ton cœur;
Je dirai à celui qui fait son Tour de France
Que tu fus notre guide aux champs de l'espérance,
Et que par tes conseils et ton humanité
Nous goûtions les douceurs de la fraternité;
Chacun était jaloux de connaître tes charmes,
Car de l'homme affligé tu tarissais les larmes,
Et de ton cœur si bon l'ineffable douceur
Nous transportait d'amour, de joie et de bonheur.

Mais puisqu'il faut mourir, telle est la loi divine,
C'est un décret d'en Haut devant qui tout s'incline.
La faulx du temps trop tôt a moissonné tes jours.
Nos instants de bonheur se sont passés trop courts.
Emporte nos regrets, femme que je vénère,
Que la terre où tu gis te soit douce et légère;
Repose saintement dans ton humble cercueil,
Car les fils du Devoir n'oublierons pas ton deuil;
Ils prieront constamment que ton séjour paisible
Ne soit jamais troublé par l'Aquilon terrible:
Repose donc en paix du sommeil éternel,
Car pour ton âme juste il n'existe qu'un ciel.

LA FÊTE DES DEVOIRS RÉUNIS

STROPHES.

C'est ta fête aujourd'hui, Cercle compagnonnique,
C'est ta fête, et chacun d'un élan pacifique,
Fier de se voir encore, accourt à ton appel;
Car par la fusion, bienfait qui se propage,
Nous verrons prospérer le beau Compagnonnage
Et s'agrandir en nous le bonheur fraternel.
Fraternité, ton nom, si haut qu'il retentisse,
Peut répandre en nos cœurs la bonté, la justice
Et l'Amour du prochain.
Compagnons soyons francs, plus de lâches désordres,
Sous un même drapeau rallions nos trois ordres,
Sans haine et sans dédain.

L'accord le plus parfait a pénétré nos âmes,
Et l'homme bienfaisant brûle de pures flammes
De célébrer l'amour, d'alimenter la paix;
Il voudrait à tout prix pourchasser la discorde
Et ramener chez nous la douceur, la concorde
Qui doit, pour l'avenir, nous lier à jamais;
Il voudrait plus encor, prêtant son assistance,
Ne faire des Devoirs qu'une seule alliance.
Loin d'être impartial,
Humain et tolérant, toujours prêt à bien faire,
Il veut que l'union s'étende sur la terre,
C'est là son idéal.

Et vous tous, animés d'une piété sainte,
Vous qui faites, ce soir, cercle dans cette enceinte,
Compagnons de tous corps, connus par vos bienfaits,
Chantez de nos devoirs la sublime alliance,
De la douce union répandez la semence,
Et nos jeunes élus en seront satisfaits;

Car c'est pour eux surtout que s'ouvre la carrière
Epineuse parfois, mais pleine de lumière,
Comme de charité.
Il faut pour les guider dans cette voie immense
Etre un Mécenne ardent et plein de connaissance,
D'amour et d'équité.

Oui, jeunes Compagnons, oui, c'est à votre aurore
Qu'il faut chasser au loin celui qui déshonore,
Et fuir à tout jamais le fourbe et l'imposteur.
Tournez à la vertu et surtout plus de haine;
Acceptez ce rameau que vous présente Irène,
Talisman redouté du lâche délateur;
Défiez-vous toujours du fouet de la satire,
Et sachez pardonner, plutôt que de médire;
Détruisez les abus,
Car, si des préjugés ont égaré nos pères,
Unissons aujourd'hui nos vœux et nos prières
Pour ce temps qui n'est plus.

Vous le savez, amis, Compagnons de tout âge,
Vingt siècles sont passés sur le Compagnonnage
Sans jamais l'affaiblir par nos dissentions :
De l'honnête ouvrier ravivant l'harmonie,
Il vivra constamment, malgré la calomnie,
Ne redoutant jamais l'hydre des factions.
Cette institution, profondément assise,
Honore Salomon, maître Jacques et Soubise.
Ces pères du Savoir.
Car ces maîtres divins, que l'univers contemple,
Ont su nous réunir sous les arceaux du temple,
Par l'œuvre du Devoir.

Puisqu'enfin nous vivons au siècle des lumières,
Nous devons désormais confondre nos bannières,
Perdiguier nous l'a dit, là se bornent ses vœux.
De cet homme de bien secondons l'entreprise,
Exauçons ses projets, rendons-nous à sa guise,
C'est un moyen certain de pouvoir être heureux.
A son exemple aussi, des Compagnons d'élite,
Zélés propagateurs de nos lois, de nos rites,
Ont proclamé la paix.
D'autres, par des couplets loyaux et pathétiques,
Ont fait poindre en nos cœurs des germes sympathiques
D'amour et de progrès.

Maintenant bénissons cette ère qui commence
Et soyons fiers aussi de son effervescence;

Des hommes compétents nous sommes applaudis,
Et si par l'union, déité pure et sainte,
Nous avons rendez-vous, ce soir, dans cette enceinte,
C'est pour y célébrer nos Devoirs réunis;
Car aujourd'hui, partout, sur le beau Tour de France,
Ce n'est qu'un cri d'amour et de reconnaissance
Et plein d'humanité,
Qui fait que l'on s'estime et que de ville en ville,
Chaque ouvrier comprend qu'il doit se rendre utile
Par la fraternité.

L.-P. JOURNOLLEAU,

seul propriétaire.

FIN.

BIBLIOTHÈQUE NATIONALE
R.F.
IMPRIMÉS.

TABLE

—

1870. — Imprimerie de Surgères, — J. Tessier. — 499.

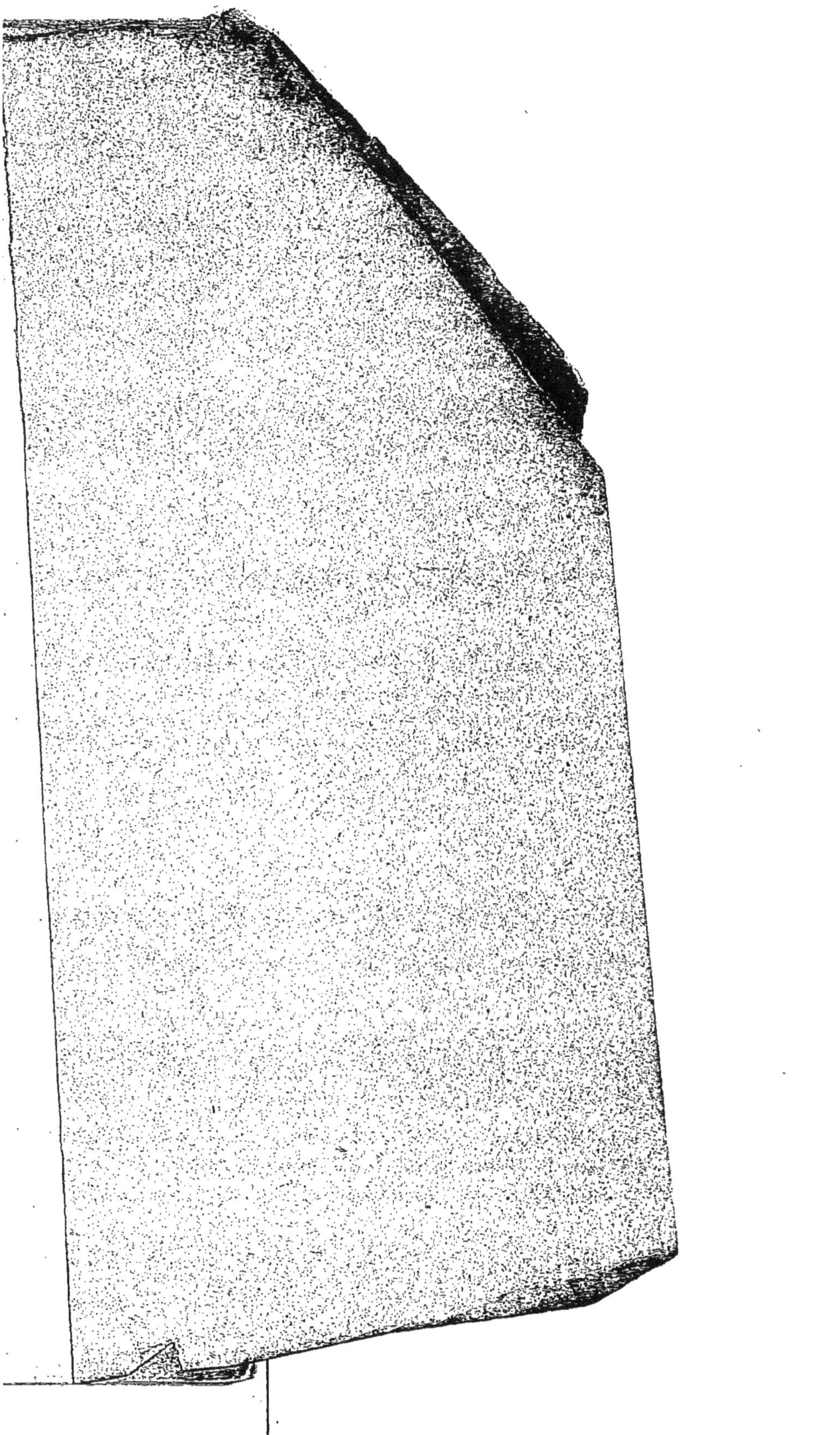

www.ingramcontent.com/pod-product-compliance
Lightning Source LLC
LaVergne TN
LVHW020433230826
846091LV00004B/1481

* 9 7 8 2 0 1 9 9 3 6 3 4 1 *